Franziska von Au

W0247655

BAUERNREGELN UND NATUR- WEISHEITEN

Franziska von Au

BAUERNREGELN UND NATUR- WEISHEITEN

Tag für Tag

Cormoran

© 1997 Cormoran in der Südwest Verlag
GmbH & Co. KG, München
Alle Rechte vorbehalten
Nachdruck – auch auszugsweise – nur
mit Genehmigung des Verlages

Umschlaggestaltung: Till Eiden
unter Verwendung eines Fotos
von Mauritius, Mittenwald (Mio)
Illustrationen: Matthias Erhardt
Layout und Satz: Schlotterer und Duffek, München
Printed in Italy
Gedruckt auf chlor- und säurefreiem Papier

ISBN 3-517-07929-4

Inhalt

Vorwort

Die meisten Menschen kümmern sich heute nicht mehr um die alten Regeln und Bräuche, um Überlieferungen aus alten Zeiten. Selbst die Bauern auf dem Land glauben heute eher an Fortschritt und Technologie als an die Weisheiten und Regeln, die seit Generationen überliefert wurden.

Jäger und Sammler lebten im Einklang mit der Natur. Sie mußten die Natur akzeptieren, um in ihr bestehen zu können, und um das Beste aus ihr herauszuholen. Schon bei den ersten Bauern, vor Urzeiten, war es genauso. Über Jahrtausende entwickelten sich eigene bäuerliche Regeln und Bräuche, um mit Wind und Wetter, mit Saat und Ernte, mit Widrigem und Gutem in Harmonie zu stehen. Die Bauern lebten mit und nicht gegen die Schöpfung.

"In der guten alten Zeit - ja damals...", so erinnert man sich wehmütig-verklärt. Heute, in der Stadt und auch auf dem Land, haben wir meist den direkten Kontakt zur Natur verloren. Wir sind umgeben von Technik und Motoren, wir leben in Hektik und Streß. Und wir nehmen uns nicht mehr die Zeit, auf Altbewährtes zurückzugreifen.

Jeder von uns kennt ein paar gängige Bauernregeln. Nur wird man sie meist als Unfug und Humbug abtun. Wird sie als Ammenmärchen bezeichnen, das in unserer Zeit keinen Platz mehr hat: "Die alten Sprüche, die haben doch noch nie gestimmt!", wird man behaupten. Doch weit gefehlt! Im Grunde hat sich in unserer Welt nicht viel verändert. Die Überlieferungen auf dem Dorf sind nicht falsch gewesen, sie sind nur leider in Vergessenheit geraten. Erst langsam, ganz langsam regt sich wieder die Erinnerung an die alten Weisheiten. Selbst auf dem Land waren sie verschüttgegangen. Jetzt werden sie wieder entdeckt, denn man hat erkannt: Die Ratschläge der

Alten sind nicht zu verachten. Trotz aller moderner Agrartechnik, trotz "Fortschritt" und Forschung müssen wir zugeben, daß vieles aus den Überlieferungen stimmt und durchaus seine Berechtigung hatte.

Ob es ums Wetter geht oder um Lostage, ob man mit den Gestirnen oder gegen sie handelt, ob man die Regeln zum Holzschlag beachtet oder alte Bräuche wiederentdeckt: Stets wird man voller Staunen herausfinden, daß etwas Wahres dran ist an den Regeln und Weisheiten der Bauern. Und daß man sie durchaus in unser Leben in der Stadt übertragen kann. Sie sind genauso zuverlässig wie zu Großvaters Zeiten. Trotz aller Wettersatelliten gelten die Wettersprüche genauso wie vor vielen hundert Jahren. Und die Prognosen des "Gockels auf dem Mist" sind oft zuverlässiger als alle metereolgischen Vorhersagen. Trotz aller Forschung ist etwas dran an den Pflanzzeiten. Trotz allen Fortschritts hatten die Alten recht, wenn sie nur an bestimmten Tagen "ins Holz" gingen. All das war kein Aberglaube, sondern hatte seinen Sinn. Es war erprobt in vielen Generationen, seit Jahrtausenden.

In diesem Buch finden Sie die Weisheiten aus dem bäuerlichen Leben gesammelt und zusammengefaßt.

* Für jeden Tag im Jahr Bauernregeln, die Namenstage und Wissenswertes.
* Sie erfahren alles über "verworfene Tage" und Lostage;
* über die Wetterdeutung, über den Einfluß des Mondes und der Gestirne;
* über christliche und heidnische Sitten, die sich bis heute erhalten haben und immer noch eine Rolle im dörflichen Leben spielen
* über den Holzschlag und Pflanzzeiten;
* über die wichtigsten Heilkräuter und Gewürze.

Künftig können auch Sie Ihr Leben wieder mehr nach der Natur ausrichten - selbst dann, wenn Sie in der Großstadt wohnen und nur einen kleinen Balkon Ihr eigen nennen.

So kann man
das Wetter deuten

Das Wetter ist das Wichtigste im Leben des Bauern, davon ist er abhängig. Denn nur wenn das Wetter stimmt, wenn Regen und Sonne, Wärme und Kälte zur rechten Zeit kommen, wird die Ernte reichlich ausfallen. Seit vielen tausend Jahren wird das Wetter daher beobachtet - und daraus haben sich unsere "Wetterregeln" entwickelt. Wir sollten sie nicht als Unsinn abtun. Unsere Vorfahren haben die Zusammenhänge genau beobachtet und sie im Alltagsleben zu einer - kurzfristigen - Wettervorhersage angewandt. Die Wetterregeln wurden von Generation zu Generation weitergegeben. Jede Generation hat sie im täglichen Leben überprüft und wiederum ihren Kindern erzählt.

In Wetterstationen und meteorologischen Instituten wird die tägliche Wetterlage erst seit etwa 100 Jahren registriert. Der 100jährige Kalender, in dem der Abt Mauritius Knauer seine Wetterbeobachtungen niederschrieb und seine Schlüsse daraus zog, ist immerhin schon über 300 Jahre alt. Doch die Beobachtung des Wetters reicht viel viel weiter zurück. Einer der ältesten überlieferten Wettersprüche reicht etwa 5000 Jahre zurück. Er wurde in Keilschrift auf eine Tontafel eingeritzt gefunden, und stammt aus der Bibliothek des assyrischen Königs Assurbanipal (669 bis 627 v. Chr.).

Im Altertum, schon weit vor unserer Zeitrechnung, verehrte man Sonne, Mond und die Sterne als Götter, weil sie das tägliche Leben beeinflußten. Wenn sie den Menschen zürnten, konnten sie auf einen Schlag die Arbeit eines ganzen Jahres zunichte machen. Sorgten sie aber zur rechten Zeit für Regen, so konnte die Saat keimen und mit Hilfe der Sonne gedeihen.

Die Menschen glaubten, daß alles unter dem Firmament dem Ratschluß der Götter unterworfen sei, nichts könne zufällig geschehen: Blitz und Donner, Unwetter und Sturm, Hagelschlag und Schnee - alles war der Wille der Götter. Man glaubte auch, die Götter würden ihren Willen ankündigen: Am Stand der Gestirne versuchte man daher nicht nur, das Schicksal der Menschheit abzulesen, sondern auch das Wetter, das ja dieses Schicksal entscheidend bestimmte.

Bis in die jüngste Zeit hinein hielt sich der Glaube, daß Götter, Geister und Dämonen und später die Heiligen ihre jeweilige Stimmungslage durch fröhlichen Sonnenschein oder bedrohliche Wolkenberge kundtun würden. Man versuchte mit allerlei magischen Mitteln, die Götter gewogen zu stimmen oder aber Dämonen zu vertreiben: Schutz vor Unwetter erbittet man heute noch zum Beispiel bei der Fronleichnamsprozession. Und Bräuche wie etwa das Neujahrsanschießen oder die Perchtenläufe im Berchtesgadener Land sollen böse Geister vertreiben.

Das Wetter erkennt man am Winde

Selbst wenn unsere Ahnen nicht um die physikalischen Umstände des Wetters wußten - ihre Wetterregeln können durchaus auch von wissenschaftlich arbeitenden Meteorologen nachvollzogen werden. Diese Wetterregeln sind unabhängig von bestimmten Daten oder Lostagen.

Schon seit Urzeiten bezieht der wetterkundige Bauer seine Weisheiten aus erster Hand: direkt vom Himmel. Wind und Wolken zeigen ihm an, wie sich das Wetter wenden wird:

> Das Wetter erkennt man am Winde -
> wie den Herrn am Gesinde

Schon frühzeitig hat man erkannt, daß Wind und Wetter zusammenhängen. Wind kann man ganz einfach als "bewegte Luft" beschreiben. Luft bewegt sich jedoch nur dann, wenn eine Kraft auf sie wirkt - wie etwa bei strömendem Wasser. Die Luft strömt in der Atmosphäre, vom Höheren zum Niedrigeren. Wie ein Bach vom Hügel hinab ins Tal fließt, so strömt die Luft von einem Gebiet mit höherem Luftdruck zu einem mit niedrigerem. Das Zentrum solcher Luftdruckgebiete bezeichnen die Meteorologen als "Hoch" und "Tief". Je stärker der Luftdruckunterschied zwischen solch einem Hoch und Tief ist, um so stärker weht der Wind.

Folgende kleine Tabelle mag veranschaulichen, wie Windrichtung und Wettereigenschaften zusammenhängen:

* Aus West/Nordwest, also vom Atlantik, aus Island, Grönland und dem Nordmeer kommt maritime Polarluft. Im Sommer macht sie kühles Wetter, im Winter ist's dabei mäßig kalt. Viele Wolken und Regen sind zu erwarten.
* Aus Ost, Nordost, Nord und im Winter Südost kommt die kontinentale Polarluft, also aus Rußland, Skandinavien und dem Balkan. Im Sommer ist's bei Winden aus dieser Richtung warm,

im Winter sehr kalt. Es sind wenig Wolken und wenig Niederschlag zu erwarten.

* Aus Südwest und Süd - also den Azoren und dem Mittelmeer - kommt maritime Subtropikluft: Im Sommer ist's dabei schwülwarm, im Winter mild. Man kann mit vielen Wolken und Regen rechnen.
* Aus Südosten (im Sommer) kommt die subkontinentale Subtropikluft. Sie sorgt für heißes und sonniges Wetter.

Unsere modernen Meteorologen bestätigen eine alte Wetterregel:

Ander Wind - ander Wetter!

Dreht sich also der Wind urplötzlich, kann sich der ganze Witterungscharakter ebenfalls ändern. Bei uns haben sich folgende Grundregeln bis auf den heutigen Tag bewährt:

* Westliche Winde bringen feuchte Meeresluft mit sich.
* Aus dem Norden strömt kalte Polarluft.
* Aus Osten weht ein trockener, unterschiedlich warmer Wind.
* Winde aus dem sonnigen Süden können die Temperaturen erhöhen.

Aus diesen Grundregeln lassen sich viele Bauernregeln ableiten, die sich mit dem Wind beschäftigen:

Wind von Sonnenaufgang
ist schönen Wetters Anfang.
Wind von Sonnenuntergang
ist Regen Anfang.

Kält' und Nachtfröst' schädlich sind,
gut hingegen ist der Wind.

Winde, die sich mit der Sonne erheben und legen,
bringen selten Regen.

Dreht sich zweimal der Wetterhahn,
so zeigt er Sturm und Regen an.
Kommt Wind vor Regen,
ist wenig daran gelegen.
Kommt aber Regen vor dem Wind,
zieht man die Segel ein geschwind.

Der Nordwind ist ein rauher Vetter,
aber er bringt beständig Wetter.

Bläst im August der Nord,
dauert das gute Wetter fort.

Weht's aus Ost bei Vollmondschein,
stellt sich strenge Kälte ein.

Ostwind bringt Heuwetter,
Westwind bringt Krautwetter,
Südwind bringt Hagelwetter,
Nordwind bringt Hundewetter.

Auf den Bergen geht der Wind
heftiger als im Tal.

Ziehen die Wolken dem Wind entgegen,
gibt's am andern Tage Regen.

Südwest - Regennest.

Neumond mit Wind
ist zu Regen und Schnee gesinnt.

Nicht alle Wolken regnen

Der Wind spielt mit den Wolken: Er treibt sie vor sich her, er türmt sie auf, er verjagt sie und macht damit schönem Wetter Platz. Denn selbst die kleinste Wolke enthält Feuchtigkeit; aber es gilt:

> Es regnen nicht alle Wolken,
> die am Himmel stehen

Wolken können nur dann entstehen, wenn die Luft sich nach oben bewegt. Diese Bewegung beträgt meist nur wenige Zentimeter in der Sekunde. Doch wenn sie länger andauert, kann die Luft um mehrere tausend Meter am Tag aufsteigen. Bei Schauer- oder Gewitterwolken bewegt sich die Luft sehr viel schneller: bis zu einem Meter pro Sekunde, und in einer Stunde kann die Luft und der in ihr enthaltene Wasserdampf ein paar tausend Meter stündlich steigen. Die Wassertröpfchen kühlen sich immer mehr ab - auch im Sommer in dieser großen Höhe unter den Gefrierpunkt. Je tiefer die Temperatur sinkt, desto mehr Tropfen verwandeln sich in Eis und Schnee. Im Winter fallen sie dann als Schneeflocken und -sterne zu Boden, im Sommer als Hagel- oder Graupelkörner. Die Wolkenbeobachtung ist für den Bauern wichtig. Diese Wetterregeln gibt es für den Wolkenhimmel:

> Wenn große Wolken werden klein,
> herrscht bald wieder Sonnenschein.

> Je weißer die Schäfchen am Himmel geh'n,
> desto länger bleibt das Wetter schön.

> Wenn Schäfchenwolken am Himmel steh'n,
> kann man ohne Schirm spazierengeh'n.

> Weiße Wolken befeuchten die Erde nicht.
> Dunkle Wolken künden Regen.

Schwarze Wolken -
schwere Wetter.

Wenn der Himmel gezupfter Wolle gleicht,
das schöne Wetter bald dem Regen weicht.

Wenn die Sonne scheint sehr bleich,
ist die Luft an Regen reich.
Eine kleine Wolke am Morgen
macht oft ein großes Abendgewitter.

Wenn die Sonne sticht,
der Bauer spricht:
"Die Kühe beißen und brommen,
es wird Regen kommen"

Wenn morgens sich Schäfchenwolken zeigen,
und abends Haufenwolken aufsteigen,
dann zieht der Klee seine Blätter zusammen,
ein Gewitter bricht los.

Wenn die Wolken regnen,
so senken sie sich.

Der Regen fällt nicht
aus den niedrigsten Wolken.

Starke Güsse sind nicht von Dauer.

Glaube nicht, wenn's regnet vor deinem Stall,
es regnet überall.

Wenn Nebel fallen

Auch der Nebel ist dem Bauern ein verläßlicher Wetterprophet. Schon Leonhard Reynmann notierte 1505 in seinem Wetterbüchlein:

> Wenn nebel von den pergen absteygen,
> oder vom hymel fallen oder in den tälern liegen,
> bedeut schön wetter.

Die Bauern machten folgende Regel daraus:

> Wenn Nebel von den Bergen absteigen,
> oder vom Himmel fallen
> oder in den Tälern liegen,
> bedeutet's schönes Wetter.

Nebel ist eine Wolke, die auf der Erdoberfläche aufliegt. Die Luft ist - das lernen wir schon in der Schule - ein Gasgemisch. Sie besteht zu drei Vierteln aus Stickstoff, einem Fünftel aus Sauerstoff, außerdem Edelgasen und Wasserdampf. Der Anteil des Wasserdampfs in der Luft ist unterschiedlich: Über Meeren und Feuchtgebieten ist er hoch, über dem Festland, den Wüsten der Erde und der Polarregion ist er niedrig. Die Meteorologen sprechen dann von Nebel, wenn die Sichtweite unter 1000 Meter beträgt. Dann ist unsere Luft vom Wasserdampf gesättigt, sie enthält soviel davon, daß man ihn sehen kann - als Nebel eben.

Wenn die Sonne morgens die Luft erwärmt, verdunsten die Tröpfchen des in den meisten Fällen nur sehr flachen Bodennebels. Doch der Nebel kann auch "steigen": Dann wird der Wasserdampf schon in den Morgenstunden durch die Sonnenstrahlen in höhere Luftschichten transportiert. Die aufsteigende Luft kühlt sich immer mehr ab (pro 100 Meter etwa ein Grad Celsius), der Wassersättigungsgrad steigt und steigt. Es bilden sich Wolken, die immer mehr wachsen und zu Regen werden.

Schon der römische Dichter Vergil (70 - 19 v. Chr.) hat sich mit

der Wetterkunde und dem Nebel beschäftigt. Er schreibt:
"Wenn der Nebel aufsteigt, verspricht er allgemein Regen."

So manche Bauernregel beschäftigt sich mit dem Nebel:

Steigt der Nebel empor, steht Regen bevor.

Nebel, der sich steigend hält,
bringt Regen,
doch klar Wetter,
wenn der Nebel fällt.

Auf gut' Wetter vertrau',
beginnt der Tag nebelgrau.

Wenn die Sonne Wasser zieht,
gibt's bald Regen.

Der Nebel bleibt auf der Erde,
bis die Sonne ihn hinaufzieht.

Sind abends über Wies' und Fluß
Nebel zu schauen,
wird Petrus
anhaltend schön' Wetter zusammenbrauen.

Auch Reif und Nebel sind durch Jahrhunderte beobachtet worden. Sie bilden sich in der Nacht, wenn Hochnebelfelder auf die Erde niederfallen. Nach ihrer Auflösung herrscht wieder schönes Wetter. So entstanden die Sprüche:

Reif und Tau
machen den Himmel blau.

Grauer Morgen -
schöner Tag.

Morgenrot, Abendrot und Regenbogen

Von der Farbe des Himmels kann der Bauer ablesen, wie das Wetter werden wird:

> Abendrot - Gutwetterbot',
> Morgenrot mit Regen droht.

Je mehr Wasserdampf in den unteren Luftschichten ist, um so stärker erscheint die Rotfärbung des Himmels. Tagsüber erscheint uns das Sonnenlicht weiß - es entsteht durch die Überlagerung der Spektralfarben, also aus rotem, gelbem, grünem, blauem und violettem Licht. In der Atmosphäre teilt sich - durch die vielen Luftmoleküle - das Sonnenlicht ebenfalls. Der Himmel erscheint uns bei schönem Wetter nur deshalb blau, weil der blaue Anteil des Sonnenlichts nach allen Seiten gestreut wird, wenn die Sonne hoch steht. Steht die Sonne tief - wie morgens und abends - müssen die Strahlen einen weiten Weg durch die untere, bodennahe Luftschicht zurücklegen. Dort enthält die Luft am meisten Wasserdampf - nur das rote Licht können wir deshalb sehen.

Andere Wetterboten sind farbige Ringe um Sonne und Mond. Diese Höfe oder Kränze werden an den Wolken nahe der Sonne und vor allem nahe dem Mond sichtbar, wenn das Licht bei schwachen Wolken nicht in seine Farben zerlegt wird. Einen weiten farbigen Ring um Sonne oder Mond nennt man meteorologisch Halo. Er entsteht, wenn das weiße Sonnenlicht in dünnen Wolkenschichten aus Eiskristallen in seine Spektralfarben zerlegt wird.

Der Regenbogen zeigt immer an, daß es in einiger Entfernung regnet. Das Sonnenlicht wird dabei in den Wassertropfen der Wolken in seine einzelnen Farben zerlegt. Der Regenbogen ist um so farbiger, je größer diese Tropfen sind.
Die folgenden Bauerregeln haben optische Erscheinungen zum Thema: Dem Morgenrot ist nicht zu trauen.

Morgenrot bringt Water in den Sloot.

Geht die Sonne feurig auf,
folgen Regen und Wind darauf.

Der schönste Tag beginnt
mit einer stillen Morgenröte.

Der Abend rot und weiß das Morgenlicht,
dann trifft uns böses Wetter nicht.

Abendrot und Morgenhell
sind ein guter Reisegesell'.

Westwind und Abendrot
machen die Kälte tot.

Abendrot bei West
gibt dem Frost den Rest.

Hof um den Man (Mond),
dat soll wol gan;
doch Hof um de Sun (Sonne),
da schreien Schippers Frau un Kinner rum.
Hat einen Hof der Mann im Mond,
bleibst du von Regen (oder Schnee) nicht verschont.
Wenn der Mond (die Sonne) hat einen Ring,
folgt der Regen allerding'.

Gibt Ring oder Hof sich Sonne und Mond,
bald Regen und Wind uns nicht verschont.

Ist der Ring nahe Sonne oder Mond,
uns der Regen verschont;
ist der Ring aber weit,
hat er Regen im Geleit.

Sonnenhof bei Nord und Ost,
bedeuten Glatteis und rauhen Frost.

Regenbogen am Abend
läßt gut' Wetter hoffen;
Regenbogen am Morgen,
läßt für Regen sorgen.

Regenbogen am Morgen
macht dem Schäfer Sorgen;
Regenbogen am Abend,
ist dem Schäfer labend.

Bei Vollmond sind die Nächte kalt.

Ist der Himmel voller Sterne,
ist die Nacht voll Kälte gerne.

Donner, Blitz und Hagel

Natürlich hat der Bauer Angst vor dem Gewitter: Immer wieder brennen Höfe ab, werden Scheunen vom Blitzschlag getroffen. Um so mehr muß man auf Anzeichen achten, die ein Gewitter voraussagen:

> Tanzt das Stroh im Wirbelwind,
> kommt ein Unwetter geschwind.

Gewitterwolken entstehen, wenn die Luft viel Feuchtigkeit enthält und bei schwülwarmem Wetter aufsteigt. In den tiefhängenden amboßförmigen Wolken kommt es zu Bereichen mit positiver und negativer Ladung. Die Atmosphäre ist bestrebt, die elektrische Spannung in der Wolke sowie die elektrischen Spannungen zwischen Gewitterwolke und Erdboden wieder abzubauen. Es kommt sozusagen zu einem Kurzschluß. Der Blitz ist ein extrem langer Funke zwischen den unterschiedlichen Wolkenteilen bzw. zwischen Wolke und Erdboden. Der Donner ist nichts anderes als eine heftige Druckänderung: Der Blitz erhitzt nämlich die Luft in seiner unmittelbaren Nähe um bis zu 30.000 Grad Celsius. Donner breitet sich mit Schallgeschwindigkeit - also etwa 1000 Meter in drei Sekunden - aus. Daher kann man feststellen, wie weit ein Gewitter noch entfernt ist: Man zählt einfach die Sekunden zwischen Blitz und Donner und teilt diese Zahl durch drei.
Der Bauer fürchtet den Blitzschlag. Der Blitz schlägt vor allem in hohe Gegenstände ein: Kirchtürme, Masten, Bäume, Felsen und Häuser sind besonders gefährdet. Der alten Regel "Eichen soll man weichen, Buchen soll man suchen" darf man auf gar keinen Fall folgen: Sie könnte lebensgefährlich sein. Wahrscheinlich stammt sie noch aus archaischen Zeiten, als man bestimmte Bäume als heilig verehrte und ihnen deshalb Schutzfunktionen zusprach.

Die anderen Bauernregeln zum Thema Gewitter jedoch sind durchaus nicht falsch:

Große Unwetter kommen von großer Hitze.

Auf schwüle Luft folgt Donnerwetter.

Dampft's Strohdach nach Gewitterregen,
kehrt's Gewitter wieder auf anderen Wegen.

Wie das erste Gewitter zieht,
man die anderen folgen sieht.

Wetter, die langsam ziehen,
schlagen am schwersten.

Wenn das erste Wetter hagelt,
so hageln auch die folgenden gerne.

Hagel im Feld
bringt Kält'.

Ein kleiner Regen dämpft ein großes Gewitter.

Donner im Winter -
steckt viel Kälte dahinter.
Alle bösen Wetter klaren gegen Abend.

Hohe Häuser trifft der Blitz am ehesten.

Ein Blitz trifft mehr Bäume als Grashalme.

Gewitter in der Vollmondzeit
verkünden Regen lang und breit.

Der Föhn macht das Wetter schön

Die meisten Menschen leiden unter dem Föhn - zumindest in der Stadt. Dem Bauern ist der Föhn jedoch willkommen:
Der Föhn ist ein warmer und trockener Fallwind. Er weht vom Gebirge her in die Alpentäler und ins Alpenvorland. Föhn entsteht immer dann, wenn feuchtwarme Luft vom Mittelmeer her gegen die Südseite der Alpen geführt wird. Steigt die Luft dann auf, so bilden sich in Oberitalien mächtige Wolken, es kommt dort zu anhaltenden Regenfällen. Nach dem Überqueren des Alpenkammes sinkt die Luft auf der Alpennordseite ab und erwärmt sich. Tiefe Wolken lösen sich auf, das Wetter ist "föhnig aufgeheitert". Wetterfühlige Menschen haben unter dem Föhn, der meist im Frühjahr auftritt, zu leiden; und auch das Rindvieh soll durchaus föhnfühlig sein: Es wird unruhig und reizbar. Die Bauern kennen noch zwei weitere Wetterregeln zum Föhn:

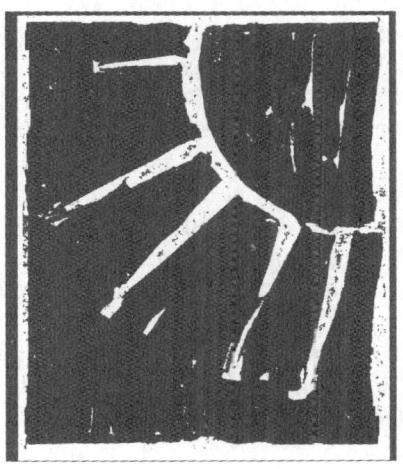

Wenn der Föhn vergohd,
fällt's Wetter in Kot.
Wenn Linsenwolken am Himmel steh'n,
herrscht ganz gewiß Föhn.

Tiere als Wetterboten

Schlechtes Wetter schlägt dem Menschen aufs Gemüt. Der Bauer beobachtet jedoch vor allem seine Tiere: Sie verhalten sich bei jedem Wetterwechsel anders:

> Kräht der Hahn auf dem Mist,
> ändert sich das Wetter;
> kräht er auf dem Hühnerhaus,
> hält das Wetter die Woche aus.

Auch Tiere galten und gelten als Wetterboten. Freilebende Tiere sind fest eingebunden in die Natur, so wie auch wir Menschen es früher waren. Wir haben die Gabe verloren, aus den kleinsten Veränderungen der Atmosphäre Wetterinformationen zu beziehen. Doch für die Tiere ist es lebenswichtig, rechtzeitig zu erkennen, wann ein Unwetter droht. Das hochempfindliche Nervensystem mancher Tiere spricht auch auf unmittelbar bevorstehende Wetteränderungen an, ja, es meldet sogar Naturkatastrophen. Wir wissen heute, daß Katzen und Hunde Erdbeben "vorausahnen" können. Genauso ist es mit Witterungsumschwüngen.

Bei sonnigem Hochdruckwetter etwa steigen Luftblasen mit vielen tausend Kubikmetern Durchmesser empor; in diesen Blasen befinden sich Insekten - und das bedeutet, daß auch die Schwalben an warmen Tagen höher fliegen müssen, um sich mit Nahrung zu versorgen. An kühleren Tagen - oder wenn ein Umschwung zu kühlerem Regenwetter droht - gibt es diese Luftblasen kaum: Die Insekten sind näher am Erdboden, und folglich die Schwalben auch. Der Hahn ist ebenfalls ein guter Wetterbote: Bei Regenwetterlage sind Hahn und Hühner eher auf dem Misthaufen aktiv, denn dann finden sie in dessen oberster Schicht besser Nahrung als bei Hochdruckwetter, wenn die obersten Schichten des Misthaufens ausgetrocknet sind. Folgende Wetterregeln beschäftigen sich mit den Tieren und ihrem Verhalten:

Siehst du die Schwalben niedrig fliegen,
wirst du Regenwetter kriegen.
Fliegen die Schwalben in den Höh'n,
kommt ein Wetter, das ist schön.

Wenn die Fischen im Wasser emporspringen,
gibt's Regenwetter.
Wenn die Möven zum Land hinfliegen,
werden wir Sturmwetter kriegen.

Möven in's Land -
Unwetter vor der Hand.

Sieht man die Zugvögel schon zeitig ziehen,
bedeutet's, daß sie vor der Kälte fliehen.

Kommen aus Norden die Vögel an,
will die Kälte uns schon nah'n.

Ziehen die wilden Gäns' und Enten fort,
ist der Winter bald am Ort.

Wenn die Fledermäuse abends herumfliegen,
folgt anhaltend schönes Wetter.

Wenn die Drossel schreit,
ist der Lenz nicht mehr weit.

Wenn der Hahn die Stunde nicht hält,
ändert sich das Wetter bald.

Wenn die Mücken tanzen und spielen,
sie morgiges gutes Wetter fühlen.

Wenn die Mücken im Schatten spielen,
werden wir bald Regen fühlen.

Reißt die Spinne ihr Netz entzwei,
kommt der Regen bald herbei.
Ist die Spinne träg' zum Fangen,
Gewitter bald am Himmel hangen.

Früher Vogelsang
macht den Winter lang.
Kommt die wilde Ente,
hat der Winter bald ein Ende.

Im Frühjahr Spinnweben auf dem Feld,
gibt einen schwülen Sommer.

Wenn die Gänse stehen auf einem Fuß,
dann kommt bald ein Regenguß.

Wenn der Fischlaich im Lenz tief im Wasser war,
auf trockenen Sommer deutet das;
liegt er flach nur oder am Ufer gar,
dann wird der Sommer besonders naß.

Fressen die Hunde Gras, wird es heut' noch naß.

Wenn im Juli die Ameisen tragen,
wollen sie frühen Winter ansagen.

Wenn im Herbst die Spinnen kriechen,
sie einen kalten Winter riechen.

Hocken die Hühner in den Ecken,
kommt bald Frost und Winters Schrecken.

Bleiben die Schwalben lange,
sei vor dem Winter nicht bange.
Sind die Maulwurfhügel hoch im Garten,
ist ein strenger Winter zu erwarten.

Graben sich im Oktober die Mäus' tief in die Erden,
wird's ein strenger Winter werden;
aber viel strenger noch,
bauen die Ameisen hoch.

Je höher der Ameisenhügel,
desto straffer des Winters Zügel.
Hat der Hase ein dickes Fell,
wird der Winter ein harter Gesell'.

Wenn die Spinnen weben im Freien,
kann man sich lange schönen Wetters freuen.
Wenn die Schafe auf der Weide
mit den Köpfen zusammenstehen,
gibt es Gewitter.

Ungünstige Tage

Im bäuerlichen Leben kannte man sogenannte "verworfene Tage". Man bezeichnete sie auch als "Schwendtage", und sie lassen sich auf die alten Römer und damit heidnischen Glauben zurückführen. Trotz der Einführung des Christentums haben sich diese "dies aries" (wie sie im Lateinischen heißen) bis auf den heutigen Tag erhalten.

An den "verworfenen Tagen" durfte man nichts Neues beginnen. Man durfte nicht auf Reisen gehen oder eine neue Arbeit - ob in Haus oder Hof, ob im Stall oder in der Stube - anfangen. Der Arzt - oder besser: der Dorfbader - ließ an diesen Tagen auch niemanden zur Ader.

Verworfene Tage

Die verworfenen Tage sind:

im Januar 2., 3., 4., 18.

im Februar 3., 6., 8., 16.

im März 13., 14., 15., 29.

im April 19.

im Mai 3., 10., 22., 25.

im Juni 17., 30.

im Juli 19., 22., 28.

im August 1., 17., 21., 22., 29.

im September 21., 22., 23., 24., 25., 26., 27., 28.

im Oktober 3., 6., 11.

im November 12.

Im Dezember gibt es keine Schwendtage.

Losnächte

Die Bauern kennen in diesem Monat die Losnächte. Deren erste ist die Nacht vor dem Thomastag am 21. Dezember, die anderen beiden die Weihnachtsnacht und die Silvesternacht. "Lozen" ist ein althochdeutsches Wort für Wahrsagen, in die Zukunft schauen. Das Silvesterbleigießen hat sich als einziges bis heute erhalten. Man kannte aber bis vor einigen Jahrzehnten in Bayern noch das Scheitlklauben, das Zaunsprießlzählen, das Pantoffelwerfen, das Strohsacktreten und das Bettstatt-Treten - alles Bräuche, die Auskunft über die Heiratsabsichten gaben. Die Bräuche der Losnächte muß man im Zusammenhang mit der "Sitzweil", dem "Hoamgarten" oder "Hoagascht" sehen: So wurde das abendliche Beisammensein in der Bauernstube genannt. Dabei sprach man über die Ereignisse früherer Jahre, erzählte alte Familien- und Dorfgeschichten.

Der Dezember ist außerdem der Monat, in dem die erste Hälfte der zwölf Rauhnächte liegt. Sie dauern bis zum Heiligdreikönigstag am 6. Januar und umfassen eine Zeit, in der die Dämonen und böse Geister ihr Unwesen treiben. Sie waren schon den alten Germanen bekannt. Nach alter Überlieferung hatten in diesen Nächten ab dem 25. Dezember die Seelen der Verstorbenen Ausgang und zogen als Wotans "wilde Jagd" durchs nächtliche Land. Eine alte Bauernregel besagt:

> Von Weihnachten bis Dreikönigstag,
> aufs Wetter man wohl achten mag.
> Ist's regen-, nebel-, wolkenvoll,
> viel Krankheit es erzeugen soll.
>
> Leb' mit Vernunft und Mäßigkeit,
> bist du vor allem Wetter gefeit.

Es hieß, daß alles, was man in den zwölf Rauhnächten träume, in Erfüllung gehe. Wer also traumlos schlief, stand gewissermaßen vor dem Nichts.

Sprüche geleiten uns durchs Jahr

Das bäuerliche Leben war natürlich bestimmt von den Jahreszeiten, vom Wetter und auch vom Kirchenjahr. Für jeden Tag gibt es einen Wetterspruch, gilt eine Lebensweisheit. Die Namenstage der Heiligen waren wichtig, denn sie waren oft auch Anlaß zu Festen und Feiern. In diesem Kapitel finden Sie für jeden Tag des Jahresrunds die Namenstage der Heiligen aufgelistet, finden Sie einen Bauernspruch oder eine Wetterregel.

JANUAR

Der Januar wurde früher auch "Hartung" genannt. Jetzt ist die Saat durch den Schnee geschützt. Der tiefste Sonnenstand ist überwunden, das neue Jahr beginnt mit mehr Licht - Tag für Tag ist es ein paar Minuten länger hell. Eine alte Bauernregel besagt: Die Tage werden länger:

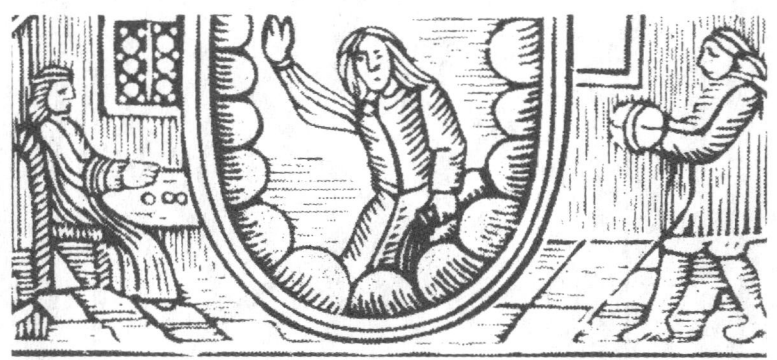

Weihnacht um an Muggenschritt,
Neujahr um einen Hahnentritt,
Dreikönig um an Hirschensprung,
Lichtmeß um a ganze Stund'.

1. Januar
Der 1. Januar ist erst seit 1691 der Neujahrstag. Papst Innozenz XII. legte dies so fest. Davor hatte es für den Beginn des Jahres kein festes Datum gegeben.

Basilius, Fulgentius, Wilhelm von Dijon

Neujahrsnacht still und klar
deutet auf ein gutes Jahr.

2. Januar

An manchen Tagen durfte - so die Überlieferung, die schon zur Römerzeit galt - nichts unternommen werden. Reisen und auch medizinische Maßnahmen - wie etwa der Aderlaß - sollten unterbleiben. Der 2. Januar ist nach altem Brauch der erste Tag im Jahr, der ein solcher "verworfener Tag" ist.

Adalhard, Gregor,
Dietmar, Odilo von Cluny, Markarius

Wie das Wetter an Markarius war,
so wird der September: trüb oder klar!

3. Januar

Der Januar ist nach dem Heiligen Januarius benannt. Dieser Name ist wohl eine kanonisierte Form des römischen Pförtnergottes Janus. Heute noch bedeutet das Wort "janitor" im Englischen "Pförtner" oder "Hausmeister". Der 3. Januar ist ebenfalls ein "verworfener Tag" - an ihm sollte man nichts Neues beginnen.

Irmina, Genofeva

Wenn's um Neujahr Regen gibt,
oft um Ostern Schnee noch stiebt.

4. Januar

Am meisten schätzen die Bauern einen Januar, der zwar kalt, aber auch sonnig ist. Denn er verheißt gute Ernte. Der 4. Januar ist der vorletzte "verworfene Tag" in diesem Monat.

Maro (Marius), Roger, Angela von Foligno

Knarrt im Januar Eis und Schnee,
gibt's zur Ernt' viel Korn und Klee.

5. Januar

"Naturzahlen" sind immer ungerade: Das Jahr läßt sich nicht exakt in gleiche Tage teilen, sondern es bleibt ein "Rest" von einigen Stunden übrig. Deshalb haben wir alle vier Jahre ein Schaltjahr. Es wurde übrigens von Julius Caesar im Jahre 46 v. Chr. eingeführt.

Ämiliana (Emilie), Gerlach

Kommt der Frost im Januar nicht,
zeigt im Lenz er sein Gesicht.

6. Januar

Für die Bergbauern beginnt der neue Jahr nach altem Brauch erst am Heiligdreikönigstag - also heute. Im alpenländischen Raum nennt man den 6. Januar deshalb auch "Hohes" oder "Großes Neujahr". In alter Zeit gab's die lärmenden Perchtenläufe, mit denen die bösen Geister des Winters ausgetrieben wurden. Die Kirche setzte seit dem Mittelalter die "Dreikönigsumzüge" dagegen; bis heute hat sich in manchen Gemeinden das "Dreikönigssingen" erhalten. Das Fest der Erscheinung des Herrn wird auch Epiphanias genannt. An die Türbalken des Hauses werden mit Kreide die Buchstaben C+M+B geschrieben: Sie bezeichnen entweder die Anfangsbuchstaben der Namen der Heiligen Drei Könige oder aber den Spruch "Christus mansionem benedictat" (lat. "Christus segne dieses Haus"). Der Dreikönigstag war der erste Lostag im neuen Jahr.

*Kaspar, Melchior, Balthasar; Wiltrud, Gertrud, Erminold,
Pia, Raimund*

Ist Heiligdreikönig sonnig und still,
der Winter vor Ostern nicht weichen will.

7. Januar

Seit Papst Gregor XIII. haben wir den Gregorianischen Kalender.
Vorher galt die bereits korrigierte Zeitmessung nach Julius Caesar. Im Jahre 1582 "fehlten" aber trotz der Korrektur mittlerweile
wieder zehn ganze Tage. Man wußte nun: Das Jahr hat genau
365,2425 Tage. Der Gregorianische Kalender stimmt nun so
exakt, daß erst in etwa 1000 Jahren der entstandene Fehler von
einem Tag ausgeglichen werden muß.

Knud, Reinold, Sigrid, Valentin, Virginia, Tilman

Ist der Januar hell und klar,
gibt's viel Wein in diesem Jahr.

8. Januar

So heißt der Januar übrigens in anderen Sprachen:
im Mittelhochdeutschen - Jenner
im Französischen - Janvier
in Latein - Januarius
im Altdeutschen - Hartung
im Englischen - January

in Italienisch - Gennaio
in Hebräisch - Schebat
in Arabisch - Muharrem

Severin, Erhard, Gudula, Heinrich

St. Erhard mit der Hack
steckt die Feiertag' in den Sack.

9. Januar
Der 100jährige Kalender wurde in der Mitte des 17. Jahrhunderts
von dem Abt Mauritius Knauer "erfunden". Über Jahre hinweg
zeichnete er Wetterbeobachtungen auf - und brachte dann einen
immerwährenden Kalender heraus, den er seinen geistlichen
Brüdern und den Bauern als Ratschlag für die Landwirtschaft zur
Seite stellte.

Adrian, Alix, Julian, Basilissa, Eberhard

Wächst das Gras im Januar,
ist's im Sommer in Gefahr.

10. Januar
Nach der Lehre der Himmelsgestirne ist der Winter nicht die erste,
sondern die letzte Jahreszeit. Das neue Planetenjahr beginnt erst
am 21. März. Januar bis März 1994 sind also die letzten Monate des
Saturnjahres 1993.

An Agathe Sonnenschein
bringt viel Korn und Wein.

11. Januar

Genau beobachtete man schon von alters her die Gestirne, ihre
Bewegung am Himmel. Man glaubte, daß sie auch Einfluß nehmen könnten auf Wachstum und Gedeihen der Saat.

Johannes, Mathilde, Paulin, Tasso, Theodosius

Der Januar muß krachen,
soll der Frühling lachen.

12. Januar

In der Volksmedizin hatte man bestimmte Tage, die besonders
geeignet waren für medizinische Therapien. Der 12. Januar war
danach gut zum Aderlassen.

Aelred, Benedikt, Ernst, Hilda, Johann Kaspar, Reinhold,
Tatiana, Volkhold

Ist der Januar hell und weiß,
kommt der Frühling ohne Eis,
wird der Sommer sicher heiß.

13. Januar

Sonnen- und Mondfinsternisse beeinflussen - nach dem 100jährigen Kalender - das Wetter entscheidend. Im Jahr 1994 kann man bei uns in Mitteleuropa zweimal eine Sonnenfinsternis beobachten: im Mai und im November.

Gottfried, Heldemar, Hilarius,
Ivette (Jutta), Remigius

Ist der Januar warm,
laß es Gott erbarm'.

14. Januar

An diesem Tag sollte man sich - so ein alter Glaube - schröpfen lassen. Das steigerte die Durchblutung und vertrieb so manches Zipperlein.

Berno, Engelmar,
Felix von Nola, Heilika, Odo, Pia,
Reiner, Theodemar

Je frostiger der Januar,
je freudiger das ganze Jahr.

15. Januar

Nach dem 100jährigen Kalender fällt in den letzten Monaten des Saturnjahres kaum Schnee, allerdings gibt es viel Rauhreif. Sogar Regen ist angesagt.

Arnold, Imbert, Konrad II., Maurus,
Paulus d. E., Romedius

Ist der Paulustag gelinde,
folgen im Frühjahr rauhe Winde.

16. Januar

Die Zahl 7 spielt im Volksglauben eine große Rolle: Wir kennen die sieben fetten und die sieben mageren Jahre aus der Bibel. Der Winzer kennt die 7 ebenfalls als wichtige Zahl: Sagt man doch, der Wein geriete nicht sieben Jahre hintereinander gleich gut - und er mißlinge auch nicht sieben Jahre lang. In sieben Jahren geriete er wenigstens einmal. Und dieses einen Jahres wegen lohne es sich, den Weinberg zu pflegen.

Heinrich, Honorat,
Lando, Marzellus I., Theobald, Tillo (Tillmann),
Tozzo (Tasso), Ulrich

So viele Tropfen im Januar,
so viel Schnee im Mai.

17. Januar

Auch jeder Tag des Jahres - nicht nur die Monate und die Jahre selbst - hat seinen Planeten-Regenten.

Antonius von Ägypten, Beatrix, Josef v. G., Gamelbert

Auf trockenen, kalten Januar,
folgt viel Schnee im Februar.

18. Januar

Kometen können nach alter Überlieferung das Weltgeschehen beeinflussen. Kommt ein Komet im Jupiterjahr (wie es 1994 ab

21. März der Fall ist), so droht nach dem 100jährigen Kalender Königen, Fürsten und Herzögen - allen Regierenden - Schlimmes und Ungünstiges. Der 18. Januar ist der letzte "verworfene Tag" in diesem Monat.

Petri Stuhlfeier in Rom,
Paulus, Priska, Odilo von Bayern,
Regine, Wolfrid

Wirft der Maulwurf im Januar,
dauert der Winter bis Mai sogar.

19. Januar
Nach altem Volksglauben haben Edelsteine mystische Kräfte. Die ganz besonderen Steine für den Monat Januar sind der Granat und der Hyazinth.

Abachum, Agritius,
Aleidis, Audifax, Heinrich von Staufen,
Marius, Sara

Steh'n im Januar Nebel gar,
wird das Frühjahr naß fürwahr.

20. Januar
An diesem Tag "schießt der Saft in die Bäume" - deshalb durfte früher von diesem Datum ab kein Holz mehr gefällt werden. Die jungen Burschen schnitten sich am "Sebastianstag" Weidenpfeifchen.

Elisabeth, Fabian, Jakob, Klemens, Sebastian, Ursula

An Fabian und Sebastian
fängt oft der rechte Winter an.

21. Januar

Ist ein Winter sehr feucht, vor allem zu Beginn der Jahreszeit, so verzögert sich das Wachstum. Denn es findet eine doppelte Abkühlung statt: Die Erde gefriert realtiv spät, häufiger Regen macht den Boden naß und kalt. So wird es im Frühjahr nur langsam zu grünen beginnen.

Agnes, Klara, Meinrad, Patroklus

Wenn Agnes und Vincentus (22. Januar) kommen,
wird neuer Saft im Baum vernommen.

22. Januar

Tritt der Winter sehr früh ein - so stellt der 100jährige Kalender fest - dann gefriert der Boden zeitig, und er bleibt den ganzen Winter steinhart. Die Wärme des Sommers bleibt unter der Schnee- und Frosthülle eingeschlossen. Im Frühjahr nach der Schneeschmelze strömt sie dann von unten an die Wurzeln der Pflanzen - so wachsen sie schneller.

Anastasius, Elisabeth,
Gaudenz, Theodelind (Dietlind), Vinzenz, Walter

Wie das Wetter um Vinzenz war,
wird es sein das ganze Jahr.

23. Januar

Bei Wetterwechsel - so empfiehlt nicht nur der 100jährige Kalender, sondern schon der griechische Arzt Hippokrates vor Jahrtausenden - soll man besonders auf der Hut sein. Der Körper neigt dann dazu, besonders schmerzempfindlich und anfällig für Krankheiten zu sein.

Desponsate, Emerentiana, Eugen,
Hartmut, Heinrich, Nikolaus, Ildefons, Lüfthild,
Raimund, Wido

Tanzen im Januar die Mucken,
muß der Bauer nach dem Futter gucken.

24. Januar

Schönwetter ist "Heilwetter": Es stärkt die Abwehrkräfte und reinigt die Haut. Doch es lauert auch Gefahr: Bei schönem Wetter überschätzt man sich und seine Leistungsfähigkeit leicht.

Arno, Artemius, Bernhard, Eberhard, Eusebius,
Franz von Sales, Timotheus

Fehlen dem Januar Schnee und Frost,
gibt der März sehr wenig Trost.

25. Januar

An diesem Tag soll Saulus zu Paulus bekehrt worden sein. An "Pauli Bekehrung" war nach alter Überlieferung die Mitte des Winters erreicht. Ein Spruch lautete: "Pauli Bekehr, der halbe Winter hin, der halbe her, dreht sich's Würzel um in der Erd'."

Adelviva, Amarin, Eberhard, Elid, Poppo, Prikt,
Titus Maria, Wolfram

Hat Paulus weder Schnee noch Regen,
bringt das Jahr gar manchen Segen;
hat er Wind, regnet's geschwind.

26. Januar

Landschaftliche Unterschiede ändern nichts an den Wetterregeln. Die Regeln stimmen - man muß sie nur manchmal variieren.

Alberich, Albert, Edith, Notburg, Paula, Roswitha,
Timotheus, Titus

Januar ganz ohne Schnee
tut Bäumen, Bergen, Tälern weh.

27. Januar

Der 100jährige Kalender entstand im Maintal, nördlich von Bamberg. Natürlich stimmen die Vorhersagen am ehesten für dieses Gebiet oder ähnlich gelagerte Regionen. Trotzdem gilt: Durch Beobachtung der Natur kann man viel lernen - und dann selbst Vorhersagen wagen.

Angela Merici, Alrun(a), Gerhard, Johannes Chrysostomus,
Julian von Le Mans, Katharina, Unwa

Gelinder Januar
bringt spätes Frühjahr.

28. Januar

Im Winter des Saturnjahres gibt es besonders viele Mäuse. Gegen Mäuse in der Speisekammer kann der Duft von Kamille, Pfefferminze oder auch Oleander helfen.

Amadeus, Irmund, Josef, Karl der Große, Karoline, Barbara,
Manfred, Thomas von Aquin

Reichlich Schnee im Januar
macht den Dung fürs ganze Jahr.

29. Januar

Wenn in diesem Monat die Flüsse zufrieren, dann - so sagt man - kann man sich auf eine gute Ernte einstellen.

Arnulf, Aquilin, Martina, Radegund, Valerius von Trier

Ist der Januar sehr naß,
bleibt leer des Winzers Faß.

30. Januar

Im 100jährigen Kalender steht: Man soll seine Schafe jetzt nicht über die Felder treiben, sonst wächst gar wenig Winterbau.

*Adelgund, Alan, Amnichat, Bathild, Maria, Martina,
Thiathild (Diethild)*

Bringt Martina Sonnenschein,
hofft man auf viel Korn und Wein.

31. Januar

Es ist kein Zufall, daß sich durch die Jahrtausende Bauernkalender erhalten haben: Die Bauern waren vom Wetter abhängig. Ob im Zweistromland von Euphrat und Tigris, in den Ländern des Nils, in Indien am Ganges oder in China am Jangtsekiang: Es war eine Frage des Überlebens, wann der Boden überschwemmt und damit fruchtbar wurde. Die Bauernregeln sind ein Versuch, die Witterung in ihrem großen Rhythmus zu begreifen.

*Emma, Eusebius, Hemma, Johannes Don Bosco,
Marzella, Rudbert, Wolfhold*

Anfang und Ende vom Januar
zeigen das Wetter fürs ganze Jahr.

FEBRUAR

Der Februar wurde früher Hornung genannt. Seinen uns bekannten Namen hat der kürzeste Monat des Jahres von einer Märtyrerin aus der Zeit des grausamen römischen Kaisers Diokletian. Urspünglich war Febronia jedoch die römische Göttin Juno Februata, die Schutzherrin der Liebesleidenschaft. Ihr zu Ehren wurden im Februar orgiastische Riten gefeiert.

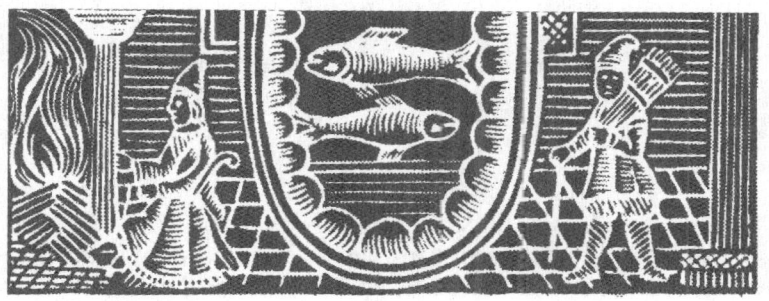

1. Februar

Eine alte Weisheit sagt: Holz, das weder faul noch wurmig werden soll, muß zwischen dem 31. Januar und dem 2. Februar geschlagen werden. Am heutigen Tag ist nach heidnischem Kalender der erste Tag des Frühlings

Brigida (Brigitte), Dietmar, Ignatius, Severus,
Sigibert III., Winand

Der Februar muß stürmen und blasen,
soll das Vieh im Lenze grasen.

2. Februar

Heute wird Maria Lichtmeß gefeiert - auf dem Land früher einer der wichtigsten Tage im Jahr. Denn an diesem Tag konnten

Mägde und Knechte ihre Stelle wechseln und sich woanders verdingen. Außerdem gab es eine Woche "Schlenklweil", eine vertraglich festgelegte Urlaubswoche. "An Lichtmeß fängt der Bauersmann neu mit des Jahres Arbeit an", hieß es. In katholischen Gegenden wurden Wachskerzen geweiht, damit Haus und Hof das ganze Jahr über vor Blitzschlag und Feuersbrunst geschützt blieben.

Alfred, Bodo, Dietrich,
Gosbert, Hadelog, Maria Katharina, Markward, Stephan

So lange die Lerche vor Lichtmeß singt,
so lange sie nachher weder singt noch schwingt.

3. Februar
Der heilige Blasius, dessen Ehrentag heute ist, gilt als Patron gegen Halserkrankungen. Am Blasitag wurden den Gläubigen deshalb zwei geweihte Kerzen kreuzweise vor den Hals gehalten. Der 3. Februar ist außerdem einer der "verworfenen Tage", an denen man nichts unternehmen soll.

Alois, Ansgar, Blasius,
Berlind, Hadelin, Heridag, Imad, Maria, Michael,
Nona, Philipp v.V., Werburg

Sankt Blasius stößt
dem Winter die Hörner ab.

4. Februar
Überall ist jetzt die Hoch-Zeit des Faschings. Früher trieb man mit Masken, Lärm und Tanz die bösen Geister des Winters aus.

Christian, Gilbert, Johanna, Rabanus,
Maurus, Veronika

Sonnt sich der Dachs in der Lichtmeßwoch',
eilt auf vier Wochen er wieder ins Loch.

5. Februar
Die heilige Agathe gilt als Schutzheilige gegen Feuersbrünste.
Deshalb wurden früher geweihte Lichter in Haus und Stall ange-
zündet.

*Adelheid, Agatha, Albuin, Berta, Elisabeth, Erlebold,
Ida, Ingenium, Modestus von Kärnten, Paul*

Sankt Agatha, die Gottesbraut,
macht, daß Schnee und Eis gern taut.

6. Februar
Die Schutzpatronin der Gärtner und Blumenhändler, St. Dorothee, hat heute Namenstag. Dieser Tag ist außerdem wieder
einer der "verworfenen Tage". Sie wurden auch "Schwendtage"
genannt und galten als gefährlich für jegliches Tun.

Alderich, Amandus,
Dorothea, Hildegund von Meer,
Leo, Paul, Reinhild, Vedast

St. Dorothee
bringt meistens Schnee.

7. Februar

So nennt man den Februar in anderen Sprachen:
im Mittelhochdeutschen - Hornung
im Französischen - Février
in Latein - Februarius
im Altdeutschen - Hornung
im Englischen - February
im Italienischen - Febbraio
im Hebräischen - Sadar
im Arabischen - Safar

Ava, Nivard, Richard, Romuald, Thomas

Im Februar zuviel Sonne am Baum
läßt dem Obst keinen Raum.

8. Februar

Die Spinnstube, in der sich die Mädchen und Burschen früher
die Winterabende vertrieben hatten, war jetzt geschlossen. Man
spann übrigens nur abends, tagsüber gab es auf dem Hof genug
Arbeit. Der 8. Februar gilt als "Schwendtag".

Elfrieda, Felix, Hieronymus, Johann von Matha, Milada,
Philipp, Salomon

Hornung hell und klar
gibt es gut's Frühjahr.

9. Feburar

Auf dem Bauernhof bereitet man im Februar die Feldarbeit vor:
Die Geräte werden überprüft und bereitgestellt.

Anna Katharina, Alto, Apollonia, Cyrill von Alexandrien,
Gottschalk, Julian, Lambert, Rainald

Ist's an Apollonia feucht,
der Winter sehr spät entweicht.

10. Februar

Der Fasching ist nun meist auf dem Höhepunkt: Die Fasnacht
rückt heran. Damit sind die sechs Tage vom Unsinnigen Donnerstag über den Geschmalzenen (oder Rußigen) Freitag bis hin
zum Faschingsdienstag gemeint. Der 16. Februar ist außerdem
der letzte der "verworfenen Tage" in diesem Monat.

Brun von Minden, Gabriel, Hugo, Scholastika, Wilhelm

Februar hat seine Mucken,
baut von Eis oft feste Brucken.

11. Februar

Der 100jährige Kalender sagt für den Februar noch Schnee und
große Kälte voraus.

Anselm, Benedikt, Euphrosine, Gregor II., Theobert, Theodor

Spielen die Mücken um Februar,
frieren Schafe und Bienen das ganze Jahr.

12. Februar

Auf Wiesen, die man mit dem Wagen nicht erreichen kann, wird
jetzt der Dünger hinausgebracht, aber noch nicht ausgebreitet.
Auf dem Bauernhof wird der Mais (bayr. "Türken") vom Kolben
abgestreift.

Antonius, Eulalia, Helmward, Ludan, Reginald

Ist Sankt Eulalia Sonnenschein,
bringt viel Obst und guten Wein.

13. Februar

Nach dem 100jährigen Kalender kann man auf gutes Wetter hoffen, wenn die Milchstraße am Himmel gut und klar zu sehen ist.

Adolf, Aleidis, Ekkehard,
Ermengild, Gisela, Gosbert, Gregor, Jordan, Kastor,
Reinhild, Wiho

Läßt der Februar Wasser fallen,
so läßt's der März gefrieren.

14. Februar

Heute ist Valentinstag, der "Tag der Liebenden". Aus den angelsächsischen Ländern kommt der Brauch, sich an diesem Tag

Blumen zu schenken und Valentinsgrüße zu verschicken. Ursprünglich geht dieser Tag auf die römischen Lupercalia zurück - ein Fest der sexuellen Freizügigkeit.

Bruno, Cyrillus, Dominika, Konrad,
Methodius, Valentin

An Sankt Valentein
friert's Rad mitsamt der Mühle ein.

15. Februar

Der Faschingsdienstag ist der Höhe- und Schlußpunkt des Faschings. Beim Kehraus wird der Fasching begraben. Danach beginnt die Fastenzeit. Das Wort Karneval kommt wahrscheinlich vom lateinischen "carne vale", das so viel bedeutet wie: "Fleisch, lebe wohl!" Nach dem Fasching beginnt ja die sechswöchige Fastenzeit bis Ostern.

Amarin, Drutmar, Elid, Faustinus, Georgia,
Jovita, Prikt, Siegfried

Wenn's im Februar nicht schneit,
schneit es in der Osterzeit.

16. Februar

Der Aschermittwoch ist der Beginn der Fastenzeit. Ursprünglich waren Hochzeiten, Tanz und Vergnügen 40 Tage lang, bis zum Osterfest, verboten. Papst Gregor I. hat den Aschermittwoch eingeführt, denn das Faschingstreiben wurde immer ausgelassener. In manchen Gemeinden wrid an diesem Tag der Geldbeutel gewaschen - symbolisch drückt dies die Loslösung von aller irdischen Habe aus.

Juliana, Pamphilus, Philippa, Simeon

Februar mit Frost und Wind
macht die Ostertage lind.

17. Februar
Brennholz muß man bei annehmendem Mond lagern, sonst
zieht es Feuchtigkeit an und wird schnell schimmelig.

Benignus, Bonosus, Evermod, Mazelin

Heftige Nordwinde im Februar
vermelden ein gar fruchtbar Jahr.
Wenn der Nordwind im Hornung aber nicht will,
dann kommt er sicher im April.

18. Februar
Ein altes Hausrezept sagt: Gegen Rheuma hilft, wenn man täglich ein Glas Tee aus Bohnenschalen trinkt.

Angelikus, Konstantia, Susanna, Simeon

Wenn's im Februar regnerisch ist,
hilft's so viel wie guter Mist.

19. Februar
In manchen Orten hat sich zur Fasnacht noch das Habergoaß-
Treiben erhalten: Die Habergoaß ist ein grotesker Kopf aus Stroh

und Wolle an einem langen Stiel, der von sechs Männern unter
einem Leintuch getragen wird.

Arnold, Bonifatius, Gabinus, Hadwig, Irmgard

Im Februar müssen die Stürme fackeln,
daß den Ochsen die Hörner wackeln.

20. Februar
Nach dem 100jährigen Kalender steht Regen bevor, wenn sich um
Sonne und Mond farbige Ringe von kleinem Durchmesser bilden.

*Amata, Eleutherius, Eucherius, Falko, Jordan,
Korona, Mildreda, Ulrich*

Hätte der Februar Januars Gewalt,
ließ' er erfrieren jung und alt.

21. Februar
Das Wetter ist jetzt wichtig und wird genau beobachtet: Ist's im
Februar nämlich schon lind und lau, könnten Fröste der zu früh
aufkeimenden Saat schaden und die harte Arbeit des vergange-
nen Herbstes zunichte machen.

*Eleonora, Germanus von Grandval,
Gunthild, Irene, Petrus Damiani, Pippin,
Leodegar, Randoald*

Februar mit Schnee und Regen
deutet hin auf Gottes Segen.

22. Februar

Dieser Tag ist wieder einer der zahlreichen Lostage des bäuerlichen Jahres. So, wie an diesem Tag das Wetter ist, soll es 40 Tage lang bleiben. Für den 22. Februar sagt der 100jährige Kalender oftmals einen Kälterückschlag voraus.

Isabella, Johanna Maria, Margareta,
Petrus von Antiochien

Wenn's friert auf Petri Stuhlfeier,
friert's noch vierzehnmal heuer.

23. Februar

Wer in der Fastenzeit Hunger verspürt, kann das mit ein paar Tassen Melissentee, die mit Honig gesüßt wurden, bekämpfen. Außerdem: Viel Mineralwasser trinken. Das beruhigt den Magen und läßt das Hungergefühl verschwinden.

Otto, Polykarp, Robert, Romana,
Severin, Willigis

Ist der Februar trocken und kalt,
kommt im Frühjahr Hitze bald.

24. Februar

Nach alten Überlieferungen war am Matthiastag die Kälte gebrochen: "Mattheis bricht's Eis; hat er kein's, so macht er eins!" sagte eine alte Regel. Heute sollen Feldsamen besonders gesegnet sein: Deshalb säten die Frauen Krautsamen an, nachdem sie den gefrorenen Boden aufgegraben hatten.

Ethelbert, Eunike, Ida, Irmengard,
Matthias, Philippa

Sankt Matthias hab' ich lieb,
denn er gibt dem Baum den Trieb.

25. Februar

Der 100jährige Kalender stellt fest: Wenn es um diese Zeit besonders warm ist, wird's bis in den März hinein so bleiben.

Adeltrud, Adelhelm von Engelberg, Gerland,
Viktor, Walburga

Kalter Februar
ein gutes Roggenjahr.

26. Februar

Jetzt, Ende Februar, gibt es schon Schneeglöckchen, der Seidel-
bast beginnt zu blühen. Sind die untersten Blüten nur schwach
entwickelt, bedeutet das für den Bauern, daß erst spät gesät werden kann. Blühen aber die Blüten an den Zweigspitzen als
erstes, kann auch die Saat früh herausgebracht werden.

Adalbert, Alexander, Dionysius, Gotthilf, Isabella,
Mechthild, Otgar, Ulrich

Spielen die Mücken im Februar,
friert die Biene das ganze Jahr.

27. Februar

Die Überlieferung sagt: Wenn ein Baum in den letzten drei Tagen des Februars bei abnehmendem Mond geschlagen wird, bekommt er keine Wurzelschößlinge und keine verfaulten Wurzeln.

Gabriel, Leander, Markward, Veronika

Februartau bringt Nachtfrost im Mai.

28. Februar

Nach altem Volksglauben haben Edelsteine ihren eigenen Monat, in dem sie mystische Wirkung entfalten. Der Stein des Februars ist der Amethyst. Er ist auch der Stein des Planeten Mars.

Elisabeth, Lupizinus, Romanus, Silvana,
Sirin, Theodulf

Februar warm - Frühling kalt.
Sankt Roman hell und klar,
bedeutet ein gutes Jahr.

29. Feburar

Alle vier Jahre gibt es ein Schaltjahr, um die Minuten auszugleichen, die das "normale" Jahr länger als 365 Tage ist. Eine Ausnahme sind die "runden" Jahre, die nicht durch 400 teilbar sind: also 1900, 2100, 2200. Das Jahr 2000 ist dagegen ein Schaltjahr.

Oswald, August
(wenn kein Schaltjahr ist, feiern sie am 28. Februar)

Liegt im Februar die Katz' im Freien,
wird sie im März vor Kälte schreien.

Gestirne und Mond bestimmen unser Leben

Die Einflüsse der Planeten

Sieben Planeten regieren nach der Lehre der Astrologie die Welt, und diese sieben Planeten regieren natürlich auch die Abläufe im bäuerlichen Jahr:
Jeweils am 21. März, dem Frühlingsbeginn, übernimmt einer der Planeten die Herrschaft und drückt diesem Jahr seinen Stempel auf. Somit gibt es folgenden steten Wechsel:

	Saturn	Jupiter	Mars	Sonne	Venus	Merkur	Mond
Jahr	1986	1987	1988	1989	1990	1991	1992
	1993	1994	1995	1996	1997	1998	1999
	2000	2001	2002	2003	2004	2005	2006

Natürlich haben die einzelnen Jahre immer bestimmte Eigenschaften. Der Abt Mauritius Knauer hat das in seinem 100jährigen Kalender so festgehalten:

* Das Jupiter-Jahr (1994) ist ziemlich warm und mehr feucht als trocken. Weil der Saturn, sein Vorgänger, mit seinem langwierigen Winter und seiner grimmigen Kälte im Frühling noch lange nachwirkt, gibt es ein spätes Jahr.
* Das Mars-Jahr 1995 ist normalerweise eher trocken als feucht. Obwohl es zu gewissen Zeiten schon regnet, gibt es doch viel mehr trockene als nasse Tage.
* Das Sonnen-Jahr (1996) ist durch und durch mehr trocken als feucht. Es ist nur mittelmäßig warm.
* Das Venus-Jahr (1997) ist immer eher feucht als trocken. Es ist zugleich schwül und ziemlich warm - zu jeder Jahreszeit.
* Das Merkur-Jahr (1998) ist im ganzen mehr trocken als feucht, auch mehr kalt als warm. Merkur-Jahre sind selten fruchtbar.
* Das Mond-Jahr (1999) ist insgesamt mehr feucht als trocken. Es ist auch mehr kalt als warm, obwohl der Sommer sehr warm sein kann. Meist aber bleibt es kühl.
* Das Saturn-Jahr (2000) ist kalt und feucht. In manchen Monaten mag es zwar ziemlich trocken sein, dennoch ist die wichtigste Zeit des Bauernjahres, nämlich August und die Herbstmonate, völlig verregnet.

Mauritius Knauer hat für jeden Tag genaue Aufzeichnungen hinterlassen; man muß aber wissen, daß diese nicht einfach in unseren heutigen Kalender zu übertragen sind. So war der 100jährige Kalender auch nie gedacht: Er ist lediglich als eine Sammlung von Hinweisen und Wetterbeobachtungen zu sehen, die sich anscheinend über Jahre hinweg in einem bestimmten Rhythmus wiederholen.

Der Abt von Langheim nannte sein Werk denn auch nicht "100jähriger Kalender", sondern schlicht "Calendarium oeconomicum perpetuum" , was soviel heißt wie "beständiger Hauskalender". Der Name "100jähriger Kalender" ist eigentlich irreführend. Trotzdem hat sich dieser Begriff eingebürgert, und jeder kennt die Aufzeichnungen unter diesem Namen. Der Mönch Mauritius Knauer war - wie damals alle Menschen und Wissenschaftler - davon überzeugt, daß alles Leben und Wachsen auf der Erde vom Walten des Himmels und der Gestirne abhängig ist.seine Wetterbeobachtungen bewiesen ihm dies - und auch den Bauern war dies aus alter Überlieferung bekannt. Der Abt von Langheim wußte, daß von den Planeten eine große Wirkung ausgeht - eine gewichtigere als von den zwölf Tierkreiszeichen, obwohl auch diese eine Rolle spielen. Allerdings: Sonnen- und Mondfinsternisse können diese Wirkungen verändern.

* Die Sonnenfinsternisse behindern die Planetenwirkung. Je länger eine Sonnenfinsternis dauert, desto länger verursacht sie auch das direkt nachfolgende Regenwetter und die daraus folgende Trockenzeit. Umgekehrt gilt: Je kürzer eine Sonnenfinsternis ist, desto kürzer sind auch die Wetterfolgen. Gleichgültig, ob ein Planet trocken oder feucht ist: Die Sonnenfinsternis verursacht zunächst eine Zeit der Feuchtigkeit, danach aber trockenes und warmes Wetter.

Sonnenfinsternisse

Sonnenfinsternisse bis zum Jahr 2000

1994	10. Mai	ringförmig, in Mitteleuropa sichtbar
	3. November	total, in Mitteleuropa sichtbar
1995	29. April	ringförmig, in Mitteleuropa sichtbar
	24. Oktober	total, bei uns nicht sichtbar
1996	17. April	partiell, bei uns nicht sichtbar
	12. Oktober	partiell, in Mitteleuropa sichtbar
1997	9. März	total, bei uns nicht sichtbar
	2. September	partiell, bei uns nicht sichtbar
1998	26. Februar	total, bei uns nicht sichtbar
	22. August	ringförmig, bei uns nicht sichtbar
1999	16. Februar	ringförmig, bei uns nicht sichtbar

	11. August	total, in Mitteleuropa sichtbar
2000	5. Februar	partiell, in Mitteleuropa sichtbar
	1. Juli	partiell, in Mitteleuropa sichtbar
	31. Juli	partiell, bei uns nicht sichtbar
	25. Dezember	partiell, bei uns nicht sichtbar

* Regiert im Jahr der Sonnenfinsternis ein feuchter Planet, so wird es eine Zeitlang ständig regnen. Danach herrscht große Dürre. Ist der Planet dagegen trocken, fällt die Regenperiode kürzer aus. Die nachfolgende Dürrezeit bleibt indes dieselbe.

Mondfinsternisse

* Die Mondfinsternisse beeinflussen ebenfalls die natürliche Wirkung der Planeten. Doch sind Mondfinsternisse viel schwächer als eine Sonnenfinsternis. Eine Mondfinsternis kann höchstens dreieinhalb Stunden andauern - deshalb kann ihre Wirkung auch nicht länger als dreieinhalb Monate andauern.

Mondfinsternisse bis zum Jahr 2000

1994	25. Mai	partiell, sichtbar	3.31
	18. November	Halbschatten, nicht sichtbar	6.44
1995	15. April	partiell, nicht sichtbar	12.18
	8. Oktober	Halbschatten, nicht sichtbar	16.04
1996	4. April	total, sichtbar	0.10
	27. September	total, sichtbar	2.54
1997	24. März	partiell, sichtbar	4.40
	16. September	total, sichtbar	18.46
1998	13. März	Halbschatten, sichtbar	4.22
	8. August	Halbschatten, nicht sichtbar	2.25
	6. September	Halbschatten, nicht sichtbar	11.10
1999	31. Januar	Halbschatten, nicht sichtbar	16.19
	28. Juni	partiell, nicht sichtbar	11.33
2000	21. Januar	total, sichtbar	4.44
	16. Juli	Halbschatten, nicht sichtbar	13.56

Die Stundenregenten

* Man muß außerdem sorgfältig beachten, zu welcher Stunde (ob bei Tag oder Nacht) der Neumond eintritt.
Genauso wie das Jahr von Planeten regiert wird, so hat nämlich auch jede Stunde des Tages und der Nacht ihren Planeten:

	Sonntag	Montag	Dienstag	Mittwoch	Donnerstag	Freitag	Samstag
Tages-regent	Sonne	Mond	Mars	Merkur	Jupiter	Venus	Saturn
6 - 7	Sonne	Mond	Mars	Merkur	Jupiter	Venus	Saturn
7 - 8	Venus	Saturn	Sonne	Mond	Mars	Merkur	Jupiter
8 - 9	Merkus	Jupiter	Venus	Saturn	Sonne	Mond	Mars
9 - 10	Mond	Mars	Merkus	Jupiter	Venus	Saturn	Sonne
10 - 11	Saturn	Sonne	Mond	Mars	Merkus	Jupiter	Venus
11 - 12	Jupiter	Venus	Saturn	Sonne	Mond	Mars	Merkur
12 - 13	Mars	Merkur	Jupiter	Venus	Saturn	Sonne	Mond
13 - 14	Sonne	Mond	Mars	Merkur	Jupiter	Venus	Saturn
14 - 15	Venus	Saturn	Sonne	Mond	Mars	Merkus	Jupiter
15 - 16	Merkur	Jupiter	Venus	Saturn	Sonne	Mond	Mars
16 - 17	Mond	Mars	Merkur	Jupiter	Venus	Saturn	Sonne
17 - 18	Saturn	Sonne	Mond	Mars	Merkur	Jupiter	Venus
18 - 19	Jupiter	Venus	Saturn	Sonne	Mond	Mars	Merkur
19 - 20	Mars	Merkur	Jupiter	Venus	Saturn	Sonne	Mond
20 - 21	Sonne	Mond	Mars	Merkur	Jupiter	Venus	Saturn
21 - 22	Venus	Saturn	Sonne	Mond	Mars	Merkur	Jupiter
22 - 23	Merkur	Jupiter	Venus	Saturn	Sonne	Mond	Mars
23 - 24	Mond	Mars	Merkur	Jupiter	Venus	Saturn	Sonne
0 - 1	Saturn	Sonne	Mond	Mars	Merkur	Jupiter	Venus
1 - 2	Jupiter	Venus	Saturn	Sonne	Mond	Mars	Merkur
2 - 3	Mars	Merkur	Jupiter	Venus	Saturn	Sonne	Mond
3 - 4	Sonne	Mond	Mars	Merkur	Jupiter	Venus	Saturn
4 - 5	Venus	Saturn	Sonne	Mond	Mars	Merkur	Jupiter
5 - 6	Merkur	Jupiter	Venus	Saturn	Sonne	Mond	Mars

Weiß man nun, unter welchem Stundenplaneten der Neumond eingetreten ist, so kann man Rückschlüsse aufs Wetter ziehen:

* Neumond in der Stunde des Saturn: Der Monat wird kalt und feucht.
* Neumond in der Stunde des Jupiter: Der Monat ist halb trocken, halb windig.
* Neumond in der Stunde des Mars: Der Monat ist halb trocken, halb feucht.
* Neumond in der Stunde der Sonne: Der Monat ist im Sommer heiß und trocken, im Winter dagegen kalt und trocken.
* Neumond in der Stunde der Venus: Der Monat hat im letzten Viertel viel Regen, im Winter Schnee.
* Neumond in der Stunde des Merkur: Hier kann man nichts erkennen, denn der Merkur paßt sich dem Jahresregenten an.
* Neumond in der Stunde des Mondes: Der Monat wird windig und regnerisch.

* Da jeder Tag auch seinen Regenten hat (siehe obenstehende Tabelle), sind zweimal am Tag Tages- und Stundenregent dieselben.
In dieser Zeit wird die Wirkung deutlich verstärkt.
* Der Jahresregent kann die Wirkung des Stundenplaneten bei Neumond ebenfalls verstärken. Diese Auswirkung wird besonders heftig, wenn Jahres-und Stundenregent übereinstimmen.
* Sonnen- und Mondfinsternisse haben nicht nur negative Auswirkungen, sondern vor allem positive. Abt Knauer stellt in seinem 100jährigen Kalender fest: "Fällt eine Sonnenfinsternis in die Blütezeit, so bringt sie Unfruchtbarkeit mit sich. Fällt sie jedoch in den März, April oder in die erste Maiwoche, dann wächst viel Wein - allerdings von keiner guten Qualität."

Die Einflüsse der Kometen

Auch Kometen können das Wetter beeinflussen: In den ersten Tagen ihrer Erscheinung bringen sie meist Regen mit sich, später dann Trockenheit. Kometen erscheinen - so der Verfasser des 100jährigen Kalenders - meist in einem Jupiter- oder in einem Mars-Jahr. Im darauffolgenden Jahr soll es guten Wein geben. Ganz im allgemeinen kündigen Kometen jedoch eher Schlechtes an. Man sah sie früher als "Fackel Gottes" an, die ausgesandt wurde, um den Menschen Sünden und Verfehlungen bewußt zu machen:

* Erscheint ein Komet gleichzeitig mit dem Saturn (1993), so wird es großes Sterben geben.
* Ist der Komet dagegen mit Jupiter (1994) verbunden, dann droht den Königen, den Fürsten und Herzögen - also allen Regierenden - Schlimmes.
* Regiert der Mars (1995), und es taucht ein Komet auf, dann gibt es Streit, Blutvergießen und Kriege.
* Kometen im Sonnen-Jahr (1996) bringen Krankheiten.
* Ein Komet unter der Venus (1997) bringt Dürre.
* Im Merkur-Jahr (1998) zeigt ein Komet großes Sterben an.
* Kommt ein Komet im Mond-Jahr (1999), dann "stirbt das Volk".
* Erscheinen die Kometen im Erdzeichen (Stier, Jungfrau, Steinbock), bringen sie Dürre und Unfruchtbarkeit.
* Kometen in den Wasserzeichen (Krebs, Skorpion, Fische) führen
  zu Seuchen - wegen der starken Regenfälle, die Katastrophen verursachen.
* Kommen Kometen in den Luftzeichen (Zwillinge, Waage, Wassermann), so folgen ihnen Stürme und Aufruhr nach, manchmal auch Kriege.
* Kometen im Feuerzeichen (Widder, Löwe, Schütze) bedeuten immer Krieg.

Mondwetterregeln

Weitaus wichtiger jedoch als Gestirne und Planeten beeinflußt der Mond das Werden und Wachsen auf der Erde. Das war den alten Völkern in vorchristlicher Zeit so bewußt, das galt im Christentum, und das gilt heute - trotz allen wissenschaftlichen und technischen Fortschritts - immer noch. Der Mond kontrolliert die Gezeiten der großen Weltmeere; deshalb wird ihm auch die Kraft zugeschrieben, Aussaat, Wachstum und Ernte mitzubestimmen. Mit der Zunahme des Mondes - so glaubte man - erhöht sich auch die Feuchtigkeit auf der Erde. In dieser Zeit sollen die Pflanzen am saftigsten und die Tiere am aktivsten sein. Die Bauern kennen viele Mondregeln - sie hängen auch davon ab, ob der Mond gerade zu- oder abnimmt, ob Vollmond oder Neumond herrscht.

Wenn Sonne oder Mond auf- und untergehen,
legen sich die Stürme.

Steigt ein großer, roter Mond zwischen Wolken auf,
kann man einen halben Tag später mit Regen rechnen.

Zeigt sich während des Sonnenuntergangs ein großer Mond,
und sieht er nicht trübe, sondern leuchtend aus,
besteht Aussicht auf mehrere Tage schönes, klares Wetter.

Dunst unter dem Halbmond ist ein Zeichen für Wind.

Regen kündigt sich an,
wenn die Mondscheibe bei zu-oder abnehmendem
Halb- oder Vollmond durch Dunst verschleiert wird.

Hat der Mond einen Hof,
gibt es Wind mit Regen oder Schnee.

Je größer der Hof, desto früher wird es regnen oder schneien.
Überstrahlt der Mond jedoch den Hof,
kommt kein schlechtes Wetter.

Die offene Seite des Mondhofes zeigt die Richtung an,
aus der Wind oder Regen kommen werden.
Steht der Mond in einem Ring, so kündet das von einem Sturm.

Die Zahl der Sterne innerhalb des Rings
nennt die Anzahl der Tage bis zum Unwetter.
Nebel und kleiner Mond bringen schon bald östliche Winde.

Der Mond schluckt den Wind.

Der Vollmond verschlingt die Wolken.

Unmittelbar nach Neu-und Vollmond
gibt es die heftigsten Niederschläge.

In mondhellen Nächten
gibt es die strengsten Fröste.

Schwarze Flecken auf dem Mond
kündigen Regen an.

Rote Flecken bedeuten Wind;
ein fahler Mond ist ebenfalls ein Anzeichen für Regen.

Findet der Mondwechsel am Morgen statt,
ist Regen zu erwarten.

Vollmond oder Mondwechsel an einem Samstag
sind ein sicheres Zeichen für Regen.

Findet der Mondwechsel dagegen am Sonntag statt,
gibt es eine Überschwemmung, bevor der Monat zu Ende ist.
Der kommende Monat wird schön,
wenn der Neumond um Mitternacht oder
wenigstens dreißig Minuten vor oder nach Mitternacht entsteht.

Ist das Wetter am sechsten Tag des Mondes das gleiche
wie am vierten Tag, wird es während der ganzen Mondphase
halten.

Geht der Mondwechsel mit Ostwind einher,
bleibt das Wetter während des ganzen Monats schlecht.

War ein Mondzyklus verregnet,
gibt es danach für einige Tage gutes Wetter.
Aber dann folgt wieder eine Regenperiode.
Nach einer durchgängig klaren Mondperiode,
die zum Ende hin regnerisch war,
kehrt das schöne Wetter wahrscheinlich
am vierten oder fünften Tag des nächsten Mondes zurück.

Ist der Mond während eines Sturmes
zwischen windgepeitschten und zerrissenen Wolken zu sehen,
wird er das schlechte Wetter bald vertrieben haben.
Wenn der Neumond weit im Norden steht,
ist mit zwei Wochen Kälte zu rechnen.
Steht er aber weit im Süden, wird es warm und trocken.

Scheint der Mond in der Mitte fahl,
wird das Wetter in der Zeit des Vollmondes stürmisch.

Ist der Himmel bei Neumond und auch noch vier Tage nach
Mondaufgang gleichbleibend klar,
wird das Wetter für längere Zeit schön.
Ist der Himmel dagegen gleichmäßig bedeckt, gibt es Regen.

Zeigt sich der Himmel nur teilweise bewölkt,
kommt der Wind aus Richtung der Wolkendecke.
Erscheinen die Sterne in mattem Glanz,
obwohl weder Wolken noch Nebel am Himmel sind,
so stehen rauhe und heftige Stürme bevor.

Ist der untere Teil der Mondsichel gleich zu Beginn
oder während der ersten Tage undeutlich,
dunkel und irgendwie verblaßt,
kann man noch vor Vollmond mit schlechtem
und stürmischem Wetter rechnen.

Ist der obere Teil der Sichel blaß,
kommen die Stürme erst bei abnehmendem Mond.
Beginnt ein Schneesturm bei Neumond,
wird er mit dem ersten Mondaufgang enden.

Am fünften Tag des Mondes rechnen Seeleute mit Stürmen.

Es stürmt niemals, wenn der Mond fast voll ist.
Wenn der Mond im dritten Viertel auf dem Rücken liegt,
ist das ein Zeichen für Regen.

Zwei Vollmonde in einem Kalendermonat
bringen eine Überschwemmung mit sich.

Steht der Halbmond aufrecht und bläst ein Wind
aus nördlicher Richtung, folgen in der Regel Westwinde.
Es bleibt bis zum Monatsende stürmisch.

Bedrohliche, dunkle Wolken ohne Regen
zur Zeit des alten Mondes weisen auf Trockenheit hin.
Ein bewölkter Morgen ab abnehmendem Mond
verheißt einen schönen Nachmittag.

Beobachtungen über Generationen hinweg ergaben allerlei Wissenswertes, das mit den Mondphasen zusammenhing. Schon Plinius der Ältere, ein römischer Naturwissenschaftler im ersten Jahrhundert nach Christus, hat dem Mond eine zentrale Bedeutung für den Rhythmus irdischer Lebensabläufe zuerkannt. Für ihn war der Mond die Ergänzung der Erde: Wenn sie sich ihm nähere, so fülle er alle Körper; wenn sie sich entferne, so leere er alle Körper. Plinius bestätigte also, was den Bauern schon seit vielen Jahrtausenden bekannt war:

Bei zunehmendem Mond

* wurde das Wachstum gefördert;
* lieferten Tiere, die man zu dieser Zeit schlachtete, besseres und festeres Fleisch;
* bekamen Tiere häufiger Junge, die auch gesünder waren.
* war die beste Fangzeit für Muscheln, Krebse und Garnelen.
* wuchsen angesäte Getreidesorten schneller und ertragreicher.

Bei abnehmendem Mond

* war gestochener Torf trocken und ideal als Brennmaterial.
* bluteten kastrierte oder enthornte Tiere weniger.
* war es besser, Garten-und Ernterese zu beseitigen.
* schnitt man Pflanzen und Bäume, weil sie weniger Saft
  enthielten.

Mondeinflüsse auf den Garten

Im ersten Viertel des Mondes
(zunehmend zwischen Neu- und Vollmond) sollte man

* Artischocken, Blattgemüsearten, Blumenkohl, Brokkoli, Brunnenkresse, Endiviensalat, Gerste, Gurken, Kohl, Kohlrabi, Kopfsalat, Melonen, Petersilie, Porree, Rosenkohl, Sellerie, Spargel und Spinat pflanzen
* Kräutersamen aussäen
* einjährige blühende Pflanzen und Rosen setzen.

Im ersten oder zweiten Viertel
(zunehmend zwischen Neu- und Vollmond) sollte man

* Körner ansäen
* große Flächen - wie etwa Rasen - säen
* den Rasen mähen
* Pflanzen und Bäume veredeln
* Pflanzen beschneiden, junge Triebe umtopfen, umpflanzen
* Obst und Gemüse für sofortigen Verzehr pflücken
* Kräuter und Pilze sammeln
* die Pflanzen bewässern
* Komposthaufen anlegen.

Im zweiten Viertel
(zunehmend zwischen Neu- und Vollmond) sollte man

* Auberginen, Bohnen, Erbsen, Gartenkürbis, Knoblauch, Kürbis, Paprika, Porree, Schalotten, Tomaten, Wassermelonen, Zuckermelonen und Zwiebelsaat säen
* einjährige blühende Pflanzen und Rosen setzen
* Himbeeren, Brombeeren und Stachelbeeren pflanzen
* kurz vor Vollmond düngen
* kurz vor Vollmond die Trauben zum Weinkeltern ernten
* kurz vor Vollmond aussäen, wenn Trockenheit herrscht.

Im dritten Viertel
(abnehmend zwischen Voll-und Neumond) sollte man

* Gemüsesorten säen und pflanzen, die unter der Erde fruchten
  (Rote Bete, Erdnüsse, Kartoffeln, Mohrrüben, Pastinak, Radies-
  chen, Rüben, Steckrüben, Zwiebelsetzlinge)
* Erbsen, Erdbeeren, Rhabarber, Saatknollen, Salbei, Sellerie,
  Sonnenblumen und Zichorie säen und pflanzen
* blühende zwei- und mehrjährige Knollenpflanzen setzen
* Bäume wie Ahorn, Apfel, Birne, Buche, Eiche, Pfirsich,
  Pflaume und andere Laubbäume pflanzen
* Torf ausstreuen.

Im dritten oder vierten Viertel
(abnehmend zwischen Voll- und Neumond) sollte man

* Tomaten beschneiden
* mit Kalium düngen
* mit der Kompostdüngung beginnen
* Kompost und andere organische Dünger verteilen und untergraben
* das Unkraut vernichten
* Pflanzen ausdünnen und beschneiden
* Rasenflächen mähen
* Obst und Gemüse ernten, daß für eine längere
  Lagerung vorgesehen ist, wie Äpfel, Kartoffeln und Kohl
* Blüten und die Saat sammeln, die lange gelagert werden sollen
* Kräuterwurzeln ausgraben
* Blätter und Rinden für medizinische Tees sammeln
* Kräuter, Blumen und Früchte trocknen
* Torf stechen.

Im vierten Viertel
(abnehmend zwischen Voll- und Neumond) sollte man

* Obstbäume besprühen
* Holz fällen.

Mondregeln fürs häusliche Leben

Nach altem Volksglauben war der Mond jedoch nicht nur für Wetter und Anbau bestimmend. Es gab allerlei Ratschläge fürs alltägliche Leben, die mit dem Mond zusammenhingen.

Kleidung, die zum erstenmal bei Vollmond gewaschen wird,
hält nicht lange.

Ein beflecktes Tischtuch,
das in einer hellen Mondnacht im Freien bleibt,
wird durch das Mondlicht wieder rein.

Kinder mit Keuchhusten sollten aus Bechern
vom Holz der Elfenbeinpalme trinken.
Der Baum, aus dessen Holz die Becher geschnitzt sind,
muß nachts zu einer bestimmten Zeit und in der richtigen
Mondphase geschlagen worden sein.

Eine Hochzeit bei zunehmendem Mond
verheißt Glück und Wohlstand.
Die glücklichsten Ehen sind jene,
die bei Vollmond im Juni geschlossen wurden.

Babys, die während des zunehmenden Mondes geboren
werden, wachsen schneller.

Das meiste Glück und den größten Wohlstand erlangt man
dann, wenn drei Faktoren zusammenfallen:
zunehmender Mond, steigende Flut und Rückenwind.

Wechselt man seine Wohnung bei abnehmendem Mond,
so bringt das Unglück ins neue Heim.

Haare und Nägel wachsen schneller,
wenn sie während des zunehmenden Mondes
geschnitten werden.

Haare, die während des abnehmenden Mondes geschnitten
werden, fallen mit ziemlicher Sicherheit aus.

Getreide soll man während des abnehmenden Mondes ernten.
Die Geburt eines Kindes ist leichter bei zunehmendem Mond.

Ein Kind, das bei Vollmond geboren wurde,
wird groß und stark.

Kommt ein Kind zur Welt, wenn der Mond einen Tag alt ist,
so sind ihm ein langes Leben und Wohlstand gewiß.

Ein bei Mondfinsternis geborenes Kind
wird das Pubertätsalter nicht erleben.
Denn es heißt: "Kein Mond, kein Mann!"

Ein Kind, das während des abnehmenden Mondes
von der Mutterbrust entwöhnt wird,
verliert seine Gesundheit.

Treibe keinen Handel bei einer Mondfinsternis;
sonst suchen dich Unglück und Mißerfolg heim.
Menschen können nicht sterben, solange der Mond aufgeht;
es sei denn, Vollmond ist bereits vorüber,
und der Mond nimmt wieder ab.

Mondeinflüsse in der Medizin

Nicht nur Aussaat und Ernte, nicht nur Gartenbau und Alltagsleben werden nach altem Volksglauben vom Mond bestimmt. Schon seit vielen Hunderten von Jahren glaubt man auch, daß der Mond Einfluß auf den menschlichen Körper nimmt. Der Zyklus der Frau "geht nach dem Mond", in der Astrologie weiß man, daß der Mond auch bestimmend für Gesundheit oder Krankheit sein kann. Auf dem Lande, wo man ja viel naturbewußter lebte als in der Stadt, kannte man noch die Mondregeln, die sich mit der Gesundheit befassen. Wissenschaftliche Forschungen in Amerika haben diese Regeln übrigens zum Teil als richtig bewiesen. Danach sollte man

* nur dann zum Aderlaß gehen, wenn der Mond in der abnehmenden Phase ist.
* nur bei abnehmendem Mond zum Zahnarzt gehen und Füllungen einlegen lassen. Aber auch wenn der Mond in Stier, Löwe, Skorpion und Wassermann steht, ist solch eine Behandlung günstig.
* nur dann Zähne ziehen lassen, wenn der Mond abnimmt. Der Mond sollte außerdem in den Zeichen Zwillinge, Jungfrau, Steinbock oder Fische stehen.
* auf keinen Fall zum Zahnarzt gehen, wenn der Mond im Zeichen Widder, Krebs, Waage, Stier, Löwe, Skorpion oder Wassermann steht.

Nicht von der Hand zu weisen sind nach amerikanischen Erkenntnissen auch die medizinischen Astrologieregeln. Schon von alters her wird jedes Körperteil einem Tierkreiszeichen zugeordnet. Die moderne Forschung hat diese Regeln, die mit dem Mond in Zusammenhang stehen, bestätigt:

* Man sollte nie den Körperteil operieren, der dem Tierkreiszeichen zugeordnet ist, in dem sich der Mond gerade befindet. Man sollte damit warten, bis der Mond in ein anderes Zeichen

eintritt. Am besten ist dann ein Zeichen, das einen Körperteil beherrscht, der weit entfernt von dem zu operierenden Bereich liegt.

* Man sollte auch nicht operieren, wenn der Mond im Sonnenzeichen des Patienten steht.
* Man sollte nicht operieren, wenn der Mond sich dem Mars nähert; das kann das Risiko von Entzündungen und anderen Komplikationen erhöhen.
* Man sollte keine Amputationen durchführen, wenn der Mond tagsüber am Himmel und in Opposition zum Mars steht.
* Unterleibsoperationen sollte man nicht durchführen, wenn der Mond in den Zeichen Jungfrau, Waage und Skorpion steht. Im Zeichen Schütze, Steinbock oder Wassermann ist die bessere Operationszeit.

Und so sind die Körperteile den einzelnen Tierkreiszeichen zugeordnet:

* Widder: Kopf, Gesicht
* Zwillinge: Schultern, Arme
* Stier: Hals, Nacken
* Krebs: Brüste, Magen
* Löwe: Rücken, Herz
* Jungfrau: Eingeweide, Gedärme, Solarplexus
* Waage: Nieren, Eierstöcke, Lenden
* Skorpion: Geschlechtsorgane
* Schütze: Hüften
* Steinbock: Knie
* Wassermann: Fußknöchel
* Fische: Füße

MÄRZ

Den März nannte man auch Lenzmond. Das Wort Lenz übrigens kommt aus dem angelsächsischen "Lenet-monath", was "Mond-monat" bedeutet. Das für diese Zeit typische Fasten und die Ent-haltsamkeit wurden von den römischen Matronalia ("Fest der Mütter") übernommen.
Der Bauer beginnt nun mit der Arbeit - er bestellt nun sein Feld.

1. März
Die Natur ist zwar noch verhalten, doch man ahnt ein erstes Grün. Die Knospen an den Mandelbäumen springen schon auf.

Albin, Bertrand, David von Menevia, Roger, Swidbert

> Läßt der März sich trocken an,
> bringt er Brot für jedermann.

2. März
Die Martianischen Neujahrsopfer der alten Römer fanden im März statt, dem Mars-Monat, der früher das römische Jahr einleitete; des-halb waren die "Iden des März" für Könige so gefährlich. Nach der astrologischen Tradition beginnt das Jahr der Tierkreiszeichen immer noch mit dem Zeichen dieses Monats, mit dem Widder.

Agnes, Karl der Gute, Simplizius, Stephan von Ungarn

Ein grüner März
bringt selten etwa Gutes.

3. März
Der 100jährige Kalender stellt fest: Wenn man die Mondscheibe
auch bei Neumond gut erkennen kann, muß man mit schlechtem Wetter rechnen.

Anselm Estom,
Friedrich, Gerwein, Islav, Kunigunde,
Liberat, Tobias

Sankt Kunigund
macht warm von unt'.

4. März
Nach altem Volksglauben kann man hartnäckige Entzündungen
am besten mit Ringelblumensalbe heilen.

Adrian, Basin, Humbert, Kasimir, Luzius, Rupert, Walburg

Donnert's im März,
so schneit's im Mai.

5. März
Der 100jährige Kalender meint: Durch Wolkenbeobachtung
kann man das Wetter vorhersagen. Ziehen die Wolken aus einer
anderen Richtung schneller heran als der Bodenwind, so ändert
sich das Wetter bald.

Dietmar, Gerda, Eusebius, Konrad, Olivia, Virgil

Trockener März
füllt den Keller.

6. März

Tiefe Wolken aus Südwest und hohe aus Nordwest sind Vorboten der Warmluft; tiefe Wolken aus Nordwest und hohe aus Südwest zeigen Kaltluft an.

Chrodegang, Coleta
Franziska, Fridolin, Kunissa von Dießen,
Mechthild, Quirikias

So viel der März an Nebeln macht,
so oft im Juni Donner kracht.

7. März

Der 100jährige Kalender rät: Wenn die Sonne als goldene Scheibe aufgeht, bleibt es tagsüber schön.

Felizitas, Johannes, Pepertua,
Reinhard, Thomas von Aquin, Volker, Wielleich

Bauernregel:
Schnee, der nun im Märzen weht,
abends kommt und geht.

8. März

So heißt der März in anderen Sprachen:
im Mittelhochdeutschen - Merz
im Französischen - Mars
in Latein - Martius
im Altdeutschen - Lenzing
im Englischen - March
im Italienischen - Marzo

im Hebräischen - Nisan
im Arabischen - Rebi I.

Arnulf, Bruno, Cyrilus, Eddo, Felix, Michael,
Johann von Gott

Märzengrün soll man mit Holzschlägeln
wieder in den Boden schlagen.

9. März

Eine Wohltat für Körper und Seele ist ein wöchentliches Saunabad. Es entschlackt den Körper, was gerade in der Fastenzeit wichtig ist. Sauna hilft vorbeugend bei Grippe, Kreislaufstörungen, Rheuma, Stoffwechselerkrankungen, Nerven- und Frauenleiden.

Barbara, Brun von Querfurt, Dominikus,
Franziska von Rom

Märzenregen
bringt keinen Segen.

10. März

Heute ist der Tag der "Heiligen 40 Märtyrer" Im Jahre 320 sollen 40 Soldaten der 12. römischen Legion erfroren sein, die als Christen verfolgt worden waren.

Alexander, Attala, Ämilian, Gustav,
John, 40 Märtyrer

Wie es an vierzig Rittern wittert,
wittert es noch vierzig Tage.

11. März

Der 100jährige Kalender sagt: Folgt auf ein Morgenrot ein schmutziggelber Sonnenuntergang, dann wird Regen kommen.

Alram, Heinrich, Rosamunde, Rosine, Ulrich, Wolfram

Bringt Rosamunde Sturm und Wind,
so ist Sybilla (29. April) uns lind.

12. März

Heute ist Gregoriustag. Vor der Einführung des Gregorianischen Kalenders war der 11. März die Tagundnachtgleiche. In Norddeutschland werden die Störche an diesem Tag zurückerwartet.

Almud, Beatrix, Gregor der Große, Innozenz I.

Gregor zeigt dem Bauern an,
daß im Feld er säen kann.

13. März

In Süddeutschland war man am Tag nach Gregorius skeptisch: Wehte heute ein starker Wind, sollte er 40 Tage lang anhalten. Dieser Tag ist wieder ein "verworfener Tag", an dem man nach altem Brauch nichts Besonderes unternehmen sollte.

Answin, Erich, Ernst, Judith, Leander, Paulina,
Rüdiger, Sancha

Märzenblüte
ist ohne Güte.

14. März

Der 100jährige Kalender sagt für die ersten Märztage noch einmal Schnee voraus - bis zum 20. soll es kaum einen Sonnentag geben. Auch dieser Tag ist ein "Schwendtag", der von wichtigen Tätigkeiten abrät.

Einhard, Gottfried, Konrad, Mathilde, Paulina,
Zacharias

Was der März nicht will,
holt sich der April.
Was der April nicht mag,
steckt der Mai in den Sack.

15. März

Im 100jährigen Kalender werden für dieses Jahr wenig Krankheiten vorausgesagt. Zum Winterausklang kann es zu Seitenstechen kommen.

Der 15. März ist der vorletzte der "verworfenen Tage" im März.

Christoph, Diedo, Klemens Maria Hofbauer,
Longinus, Luise

Märzenschnee und Jungfernpracht
dauern oft kaum über Nacht.

16. März

Der 100jährige Kalender prophezeit: Wenn es in diesem Jahr kalt ist, gibt es wenig Ungeziefer und wenig Würmer im Getreide.

*Eusebia, Gummar,
Heribert von Köln, Jean, Kolumba, Zyriakus*

Gewitter im Märzen
gehen dem Bauer zu Herzen.

17. März

Heute ist der Tag der heiligen Gertrud. Sie war eine bekannte Frühjahrsbotin. Früher wurden an ihrem Namenstag die Bienenkörbe wieder aufgestellt. Und man war der festen Überzeugung, daß in der Gertrudsnacht die Hühner die besten Eier legten. In manchen Regionen werden die Kühe schon am heutigen Tag auf die Weide getrieben: "Gertraud - führt die Kuh zum Kraut, das Roß zum Pflug, die Bienen zum Flug". Die heilige Gertrud gilt außerdem als Schutzpatronin der Herbergen.

Diemut, Gertrud, Johannes, Konrad von Bayern, Patrick

Sonniger Gertrudentag
Freud' dem Bauern bringen mag.

18. März

Das gewöhnliche Volk aß früher in der Fastenzeit nur Brot, Brezeln oder Suppe. Manchmal wurde das Fasten noch besonders qualvoll gemacht:
Im Chiemgau etwa mußte für den morgigen Josephitag ein Festtagsschmaus zubereitet werden. Man durfte ihn aber nicht selbst verzehren, sondern mußte ihn den Armen geben.

Anselm, Cyrill von Jerusalem, Eduard, Narzissus

So viel Tau im März,
so viel Frost im Mai.

19. März

Der Josephitag ist einer der großen Bauernfeiertage. Er ist der einzige Tag in der langen Fastenzeit, an dem gefeiert werden durfte - manchmal sogar mit einem Markt oder Tanz. Am Josephitag hält der Frühling endlich Einzug, die Tage werden wärmer.

Adeltrud, Alkmund, Friedburg, Ida, Joseph

Wenn's einmal um Josephi is',
so endet der Winter g'wiß.
Ist es an Josephus klar,
folgt ein gesegnet' Jahr.

20. März

Heute endet das astrologische Jahr des Saturn (1993). Morgen beginnt das Jupiterjahr 1994. Jupiter ist ein freundlicher Stern, man nennt ihn auch das "große Glück" - fortuna major.

Ambrosius, Irmgard, Johannes, Nizetas,
Ruprecht, Wolfram

Wenn's donnert in den März hinein,
wird der Roggen gut gedeih'n.

21. März

Frühlingsanfang! Früher wurde dieser Tag mit Sommertagsumzügen gefeiert. In der Pfalz trugen die Kinder dabei geschnitzte Stäbe, die mit Bändern und Brezeln geschmückt und von einem Apfel gekrönt waren.

Absalon,
Benedikt von Nursia, Christian, Nikolaus,
Raimund, Richeza

An Sankt Benedikt acht' gar wohl,
daß man Hafer säen soll.
Willst du Gerste, Erbsen, Zwiebeln dick,
so säe an Sankt Benedikt.

22. März

Jupiter ist der Planet der Kinder, der Kardinäle, Bischöfe und Richter. Im menschlichen Körper sind ihm Lunge, Leber, das Knochengerüst, Knorpel, Pulsader und der menschliche Samen zugeordnet.

Elko, Lea, Lukardis, Reinhilde

Trockener März und nasser April
sind des Bauern Will'.

23. März

Nach dem 100jährigen Kalender ist das Jupiterjahr ziemlich warm und mehr feucht als trocken. Es wird ein spätes Jahr - denn der Saturn, sein Vorgänger, wirkt im Frühling noch lange nach.

Claudius, Merbot, Otto, Rebekka, Toribio

> Siehst du im März gelbe Blumen im Freien,
> magst du getrost deinen Samen streuen.

24. März

Jetzt sollte man Gesundheit schöpfen und sich nach dem langen Winter aus der natürlichen Hausapotheke eindecken: Petersilie besitzt jede Menge Vitamin A und C. Zwei Eßlöffel täglich decken bereits den Bedarf eines Erwachsenen.

Adelmar, Elias, Gabriel, Katharina

> Scheint auf Sankt Gabriel die Sonn',
> hat der Bauer Freud' und Wonn'.

25. März

In neun Monaten ist Weihnachten - und heute wird eines der ältesten Marienfeste gefeiert: die "Verkündigung des Herrn". Der Erzengel Gabriel soll Maria das Kommen des Herrn angekündigt

haben. Das Volk machte aus diesem Tag schnell ein Frühlingsfest, an dem auch - zum Beispiel in Altbayern - das Vieh gesegnet wurde. Besonders willkommen waren die Schwalben: "An
Mariä Verkündigung kommen die Schwalben wiederum", hieß es.

Alfwald, Ancilla, Annunziata, Jutta,
Nuncia, Prokop

So viel Tage vor Marien die Frösche schreien,
so viel müssen sie nachher schweigen.
Ist Marie schön und hell,
kommt viel Obst auf alle Fäll'.

26. März
Das 100jährige Kalender stellt fest: Jetzt müssen Haus und Hof
hergerichtet sein fürs bäuerliche Arbeiten. Alle Schäden des Winters am Haus, am Stadel und im Stall sind repariert. Es sollte jetzt
nicht auf die Wintersaat regnen.

Emanuel, Felix, Kastulus, Larissa, Liudger, Thekla

Wasser auf der Wintersaat
schadet nicht vor, aber nach Marien.

27. März
Eifrig wird der Bauer jetzt das Wetter beobachten - von ihm
hängt ja die gute Ernte ab. Und damit auch Wohlstand und
Reichtum: "Gibt's im März viel Regen, bringt die Ernte wenig
Segen".

Ensfried, Frowin, Haimo, Rupert von Salzburg

Ist an Ruprecht der Himmel rein,
so wird er's auch im Juli sein.

28. März

Nach altem Volksglauben entfalten in jedem Monat bestimmte Edelsteine ihre positive Wirkung. Der Stein für den Monat März ist der Japsis. Er soll Blut stillen, Fehlgeburten verhindern, allerlei Krankheiten heilen und vor Giften schützen.

Elfrieda, Gundelind,
Guntram, Ingbert, Johann Kapistran,
Malchus, Wilhelm

Märzenstaub
bringt Gras und Laub.

29. März

Die Karwoche ist die Vorbereitung aufs Osterfest. Am Sonntag vor Ostern, dem Palmsonntag, wurden seit dem 8. Jahrhundert Palmprozessionen durchgeführt. Sie erinnern an den Einzug Christi in Jerusalem. Die Palmzweige erhalten in Haus und Hof einen besonderen Platz: Sie gelten als Abwehrmittel gegen Ungeziefer. Der 29. März ist der letzte "verworfene Tag" in diesem Monat.

Berthold, Diemund, Eustasius,
Gladys, Helmstan, Ludolf von Ratzeburg,
Ragnachar, Zyrillis

Märzenwinde, Aprilenregen,
verheißen im Mai großen Segen.

30. März
In der Karwoche gibt es vielerlei Brauchtum: Die Kirchenglocken "fliegen nach Rom", man behilft sich während des Gottesdienstes mit hölzernen Schnarren. Am Gründonnerstag wird eine Feldsalatsuppe gegessen, der Karfreitag - bei den Protestanten der höchste Feiertag - ist in katholischen Gegenden heute noch strenger Fastentag, an dem man kein Fleisch essen darf.

Diemut, Dodo,
Patto, Quirin, Roswitha

Zu Anfang oder zu End'
der März sein Gift versend't.

31. März
Eine Volksweisheit besagt: "Wie der 29. März, so ist der Frühling; wie der 30. - so der Sommer; wie der 31. - so der Herbst".

Amos, Daniel, Guido, Werner

Der März soll wie ein Wolf kommen
und wie ein Lamm gehen.

APRIL

Den April hat man früher auch "Keim-Mond" genannt. Hafer, Gerste, Kartoffeln und Mais sind gesät und gedüngt. Der April gilt als launenhaft, weil sich das Wetter jeden Moment ändern kann. Und: Er ist der Ostermonat.

1. April

Schon seit Mitte des 17. Jahrhunderts werden die Leute "in den April" geschickt. Wahrscheinlich ist dieser Brauch auf das Narrenfest zurückzuführen, das am 1. April im alten Rom veranstaltet wurde. Im Volksglauben hat dieser Tag außerdem ein schlechtes Omen: Angeblich wurde Judas am 1. April geboren und auch Luzifer in die Hölle geschickt. 1994 fällt Karfreitag auf diesen Tag: Im Bauernjahr war er der Tag des Getreidesäens. Vielerlei Bräuche gibt es: Drei Nägel, ins Holz der Stalltür geschlagen, schützen das Vieh vor Seuchen. Brot und Wasser sind heute besonders heilkräftig: Wer heute nichts trinkt, bekommt den ganzen Sommer über keinen Durst. Und Karfreitagsbrot schimmelt erst dann, wenn der Geber unaufrichtig oder untreu geworden ist.

Agape, Caesarius,
Chionia, Hugo von Grenoble, Irene, Lanzo

Säen am ersten April
verdirbt den Bauern mit Stumpf und Stiel.

2. April

In vielen Familien hat sich zum Osterfest noch allerlei Brauchtum erhalten: Man färbt bunte Eier, kocht den Osterschinken. Kräuter, die in der Nacht zum "Judassamstag" gesammelt wurden, hatten eine besondere Heilkraft. In der Osternacht brennen an vielen Orten Osterfeuer - das Symbol des vom Tode auferstandenen Herrn.

Eustasius, Franz von Paula,
Maria von Ägypten, Rosamunde, Sandrina, Thetwif

Sturm und Wind an Rosamunde
bringt eine gute Kunde.

3. April

Die Legende vom Osterhasen und den Eiern stammt vermutlich noch aus heidnischen Zeiten: Der Hase galt als Fruchtbarkeitssymbol - bei den Germanen war er ein heiliges Tier. An Frühlingsbeginn wurde er der Göttin Ostara geopfert. Die Eier stellten das Symbol werdenden Lebens dar, die derselben Göttin geweiht wurden. Ostern war der zweite (neben Martini) Zahltermin des Jahres: Eier wurden als "Zahlungsmittel" verwendet.

Christian, Elisabeth, Liudburg, Richard von Chichester, Thiento

Wer an Christian säet Lein,
bringt schönen Flachs in seinen Schrein.

4. April

Der Ostermontag wird auch der "Emmaustag" genannt. Nach
altem Brauch geht man heute zum Osterspaziergang auf die Felder. Eier, Butter, Salz, Brot und ein gebackenes Osterlamm werden in der Kirche an Ostern geweiht.

Ambrosius, Heinrich,
Isidor von Sevilla, Konrad
Maurus, Ambrosius

Ist Ambrosius schön und rein,
wird Sankt Florian (2. Mai) wilder sein.

5. April

Im Jupiterjahr wächst kaum ein Klassewein, meint der 100jährige
Kalender. Nach einer alten Regel gibt es nur "einen halben
Herbst" und einen durchschnittlichen Tischwein.

Burkhard, Gerhard,Hoseas, Juliana,
Kreszentia, Vinzenz

Ist Sankt Vinzenz Sonnenschein,
bringt es viele Körner ein.

6. April

Der April wird nicht umsonst "Keim-Mond" genannt: Der ständige Wechsel zwischen Regen und Sonnenschein läßt die Saat aufgehen.

Karolina, Methodius, Notker, Petrus, Ruthilde,
Wilhelm von Aebelholt

Bald trüb und rauh, bald licht und mild,
ist der April des Menschen Ebenbild.

7. April

Der 100jährige Kalender sagt: Das Jupiterjahr ist ein gutes Gerstenjahr. Sie wächst im Überfluß, man sollte sich Vorrat schaffen.

Burchard, Hermann Joseph, Johann Baptist

Donner im April
viel Gutes künden will.

8. April

Langjährige Wetterbeobachtungen haben ergeben, daß die alten Regeln wie "grüne Weihnacht - weiße Ostern" oder "Wenn's an Karfreitag regnet, ist das ganze Jahr gesegnet" nicht unbedingt stimmen. Ostern ist ja ein bewegliches Fest: Es wird immer am Sonntag nach dem ersten Vollmond gefeiert, der nach Frühlingsanfang eintritt. Der früheste Ostertermin ist also der 22. März, der späteste der 25. April. Da kann das Wetter natürlich sehr unterschiedlich sein.

Appolonia, Beata, Manegold, Walter

Heller Mondschein im April
schadet den Blüten viel.

9. April

So heißt der April in anderen Sprachen:
im Mittelhochdeutschen - April
im Französischen - Avril
in Latein - Aprilis
im Altdeutschen - Ostermond
im Englischen - April
im Italienischen - Aprile
im Hebräischen - Ijar
im Arabischen - Rebi II.

Demetrius, Kasilda, Konrad I.,
Waltrud

Wenn der Kuckuck am 9. April nicht gesungen hat,
ist er erfroren.

10. April

Der Sankt-Ezechiels-Tag, der 100. Tag nach Neujahr, war nach
altem Volksglauben zum Leinsäen der beste Termin.

Daniel, Eberwin,
Engelbert, Ezechiel, Gerold, Hulda

Ist der April schön und rein,
wird der Mai um so wilder sein.

11. April

Der 100jährige Kalender sagt für den April warmes und trockenes Wetter voraus. Bis zur Mitte des Monats hält diese Schönwetterperiode an.

Gemma, Hildebrand, Reiner, Stanislaus

Ist der April zu schön,
kann im Mai der Schnee noch weh'n.

12. April

Nach der Volksmedizin ist reines Birkenwasser ein altes Hausmittel gegen zu dünnes Haar. Jetzt im Frühjahr ist die beste Zeit, es selbst herzustellen. Kochen Sie einen Birkenast aus, und sammeln Sie das Wasser in einer Flasche. Mit diesem Wasser wird die Kopfhaut einmassiert. Lassen Sie es lange einwirken. Das nachwachsende Haar soll dabei stärker werden.

Herta, Julius I., Zeno, Sieben Schmerzen Mariä

April, dein Segen
heißt Sonne und Regen.
Bloß den Hagel -
den häng' an den Nagel.

13. April

Im 100jährigen Kalender wird eindringlich darauf hingewiesen, daß man sich im Jupiterjahr 1994 einen Vorrat an Heu und Futterstroh schaffen soll. In den nächsten beiden Jahren soll es davon wenig geben.

Hermenegild, Ida, Justitian, Martin I., Paternus,
Paulus, Roman

Kommt die Weihe geflogen,
so ist der Winter verzogen.

14. April

Nach altem Volksglauben entfalten in jedem Monat bestimmte Edelsteine eine ganz besondere Wirkung. Im April ist es der Saphir. Dieser Stein wird außerdem dem Jupiter zugeordnet. Trägt man einen Saphir mit sich, bringt dies Frieden und Eintracht.

Ernestine, Hadwig, Lidwina, Tiburtius

Am Tage Tiburtii
sollen alle Felder grünen.

15. April

Nach dem 100jährigen Kalender folgen auf einen kühlen April meist ein kühler Sommer und ein kühler Herbst.

Anastasia, Huna, Nidker, Olympia, Reinert

Grasmücken, die fleißig singen,
wollen uns den Frühling bringen.

16. April

Tip für die Wetterbeobachtung: Bessert sich die Sicht schnell und wird außergewöhnlich gut, steht eine Wetterverschlechterung unmittelbar bevor. In den Alpen kann es zu einem regelrechten Wettersturz kommen.

Benedikt Josef, Bernadette

Nasser April - blumiger Mai

17. April

Früher zog jeder Bauer seinen Flachs selbst. Heute kann man kaum mehr ein größeres Leinfeld entdecken. Als Heilmittel sind Leinsamen gut bei Magen- und Darmentzündungen. Dazu wird der Samen in kaltem Wasser angesetzt und einige Stunden stehengelassen. Oder man ißt ihn ganz oder geschrotet mit Apfelmus.

Eberhard, Gerwin, Max Joseph, Rudolf, Wando

Der April kann rasen,
nur der Mai halt' Maßen.

18. April

Ist das Jupiterjahr der Regel entsprechend kalt, so gibt es wenig Kröten und Heuschrecken, stellt der 100jährige Kalender fest.

Appolonius, Aya, Herluka, Mechthilde

April naß und kalt,
wächst das Korn wie im Wald.

19. April

Heute ist der einzige "verworfene Tag" im April. Man sollte an diesem Tag nicht auf Reisen gehen, nichts Besonderes unternehmen und nichts Neues anfangen.

Autbert, Friedrich,
Gerold, Kreszentia, Leo IX., Werner

Ist der April zu gut,
schickt er dem Schäfer Schnee auf den Hut.

20. April

Im Gemüsegarten kann man jetzt den ersten Kopfsalat ins Freiland setzen.

Hildegund, Odette, Wiho, Wilhelm

Bläst der April mit beiden Backen,
gibt's genug zu jäten und zu hacken.

21. April

Findet in einem Jupiterjahr im Frühjahr eine Sonnenfinsternis statt (in Mitteleuropa am 10. Mai 1994), dann wächst im entsprechenden Jahr ein guter Wein. Das meint der 100jährige Kalender.

Anselm, Konrad Birndorfer

Aprilschnee ist Grasbrüter.

22. April
Die Schlüsselblume steht zwar heute unter Naturschutz. Doch in der Volksmedizin hat sie trotzdem noch ihre Bedeutung: Die Wurzel wird im März und April gestochen und ergibt einen wirksamen Tee bei Verschleimungshusten.

Alfried, Kajus, Meingoz, Soter, Wolfhelm

Gewitter vorm Georgiustag (24. April)
folgt gewiß noch Kälte nach.

23. April
Nach dem 100jährigen Kalender droht schlechtes Wetter, wenn morgens schon rote, niedrig schwebende Wolken am Himmel zu sehen sind.

Adalbert, Ägidius, Arnulf, Gerard

Wenn's donnert im April,
dann hat der Reif sein Ziel.

24. April
Der heilige Georg ist der Patron des Viehs. Ihm zu Ehren finden an vielen Orten noch festliche Flurumritte statt, auch Feldum-

gänge und Grenzbegehungen. Sie sollten nach alter Überliefe-
rung alle Dämonen abwehren: An diesem Tag durften nämlich
die Hexen ihr Unwesen treiben und dem Wachstum und der
Saat Schaden zufügen. Die Landkinder mußten ab heute auf ihre
Schuhe verzichten und barfuß laufen: "Georgi bringt grüne
Schuh'", hieß es nämlich in einem alten Spruch.

Adalbert, Fidelis, Gerhard, Georg, Pusinna

Zu Georgi blinde Reben,
volle Trauben später geben.

25. April
Der Huflattich wächst an Wegen und Schuttplätzen. Die Blätter
kann man von April bis Juni sammeln. Huflattichtee ist ein
bewährtes Hustenmittel und hilft auch bei Rachenkatarrh. Heute
hat der heilige Markus Namenstag - ebenfalls ein wichtiger Lostag im Bauernkalender.

Ermin, Franka, Hermann I., Markus

So lange es vor Sankt Markus warm ist,
so lange ist es nachher kalt.

26. April
Jetzt ist es an der Zeit, die frühen Karottensorten auszusäen. Bis
Ende Juli muß dann der Samen für die Spätsorten in der Erde sein.

Consuelo, Helene,
Kletus, Ratbert, Richarius, Trudpert

April trocken
läßt die Keime stocken.

27. April

Regenboten sind nach dem 100jährigen Kalender kleine tinten-
farbige Wolken am Himmel.

Floribert, Peregrinus, Petrus Kanisius, Tutilo, Zita

Blüht im April der Maulbeerbaum,
gibt es Kälte und Frost noch kaum.

28. April

Aus einer alten Hausapotheke stammt folgendes Mittel gegen
graue Haare: Das Haar mit einer Mischung aus einem Drittel
Essig und zwei Dritteln warmen Wasser waschen und nicht aus-
spülen. Die natürliche Haarfarbe bleibt so erhalten.

Adalag, Hugo, Pierre, Vidalis

Friert's am Tag von Sankt Vidal,
friert es wohl noch fünfzehnmal.

29. April

Nach dem 100jährigen Kalender kann es jetzt gegen Ende des
Monats morgens und nachts noch einmal empfindlich kalt werden.

Dietrich von Thoreida, Irmtrud, Katharina von Siena,
Roswitha, Theoger

Wenn im April schon die Maikäfer fliegen,
bleiben sie meistens im Schmutze liegen.

30. April
Nach altem Aberglauben versammeln sich heute, in der Walpurgisnacht, die Hexen. Sie treiben recht wild um, und so dürfen die
Burschen des Dorfes mit Peitschenknallen und Schießen durch
die Gassen ziehen, um sie zu vertreiben. Mancherorts ist die
Walpurgisnacht heute noch auch für allerlei Unfug gut.

Bernhard II., Heimo,
Hilde, Quirin, Pius V., Rosamunde,
Sigbod, Wolfhard

Regen auf Walpurgisnacht
hat immer gutes Jahr gebracht.

Regeln für den Holzschlag

Holz war für die Bauern früher lebenswichtig. Ohne Holz konnte man nicht überleben: Das Haus war ebenso aus Holz gebaut wie Scheune und Stall; man stellte Werkzeuge aus Holz her, man feuerte den Ofen mit Holz, man konnte das Holz sogar verkaufen, und vom Erlös größere Anschaffungen tätigen. Kein Wunder, daß im bäuerlichen Leben das Holz eine wichtige Rolle spielte.

Es gab bei der Bearbeitung des Holzes bestimmte Regeln, nach denen man verfuhr. Nicht nur, wann es geschlagen wurde, war wichtig, sondern auch, welchem Zweck das Holz nachher dienen sollte. Bis in unsere Zeit hat sich so manche Holzschlag-Regel erhalten. Das zeigt, daß diese Regeln durchaus nicht dem Aberglauben oder der Magie zuzuordnen sind, sondern daß es durchaus handfeste Gründe dafür gibt, wann man zum Holzschlag in die Wälder geht.

Holz arbeitet

"Holz arbeitet", heißt ein alter Spruch. Je nach Holzart, nach Jahreszeit und nach Fällungszeitpunkt

* trocknet es schnell oder langsam;
* bleibt es weich oder wird hart;
* bleibt es schwer oder wird leicht;
* bekommt es Risse oder bleibt unverändert;
* verbiegt es sich oder bleibt eben;
* fault es oder verrottet nicht;
* wurmt es oder bleibt frei von Schädlingen

Holz wächst geradelaufend, rechts- und linksdrehend. Man kann das an der Rinde erkennen. Der Unterschied ist leicht herauszufinden: Rechtsdrehende Bäume schrauben sich wie ein Korkenzieher nach oben. Natürlich muß man bei der Verarbeitung des Holzes diese Drehung beachten:
Dachschindeln sollten gerade oder leicht nach links verlaufen. Denn bei nassem Wetter streckt sich das Holz, bei Sonne krümmt es sich nur leicht und läßt die Luft unter die Schindel gelangen: Das Dach trocknet schneller.
Bei hölzernen Dachrinnen ist es umgekehrt: Das Holz soll sich gerade oder leicht rechts drehen. Nach dem Fällen bleibt rechtsdrehendes Holz nämlich stehen - die Drehung setzt sich nicht fort. Nähme man für eine Dachrinne linksdrehendes Holz, so würde sie sich nach und nach verbiegen.

Wann soll gefällt werden?

Manche Holzschlag-Regeln sind an bestimmte Tage und Tageszeiten gebunden. Diese hier haben sich bis in unsere Zeit erhalten:

* Schwendtage, das heißt Rodungstage sind der 3. April, der 22. Juni und der 30. Juli. Noch besser ist das Ergebnis des Holz-

schlags, wenn diese Tage auf einen abnehmenden Mond fallen. Dann wachsen abgeholzte Bäume und Sträucher nicht mehr nach.

* Alternativ zu diesen drei Schwendtagen kann man Holz auch an den letzten drei Tagen im Februar fällen, wenn sie auf einen abnehmenden Mond fallen. Jetzt geschlagenes Holz wächst nicht mehr nach, sogar die Wurzel verfault.

* Soll Holz weder faul noch wurmig werden, dafür aber mit zunehmendem Alter an Härte gewinnen, muß man es am 31. Januar, am 1. und am 2. Februar schlagen.

* Holz schwindet nicht, wenn man es am 25. März, am 29. Juni und am 21. Dezember schlägt. Heute noch wird auf dem Lande die Zeit beachtet: Am 21. Dezember muß man zwischen 11 und 12 Uhr mittags ins Holz.

* Wer Holz zum Bauen braucht, schlägt dies am besten in den letzten Dezembertagen: Dann fault es nicht und wird auch nicht wurmig.

* Gutes Bauholz bekommt man aber auch, wenn man die Bäume im November bei abnehmendem Mond schlägt.

* Wer Holzwurm vermeiden will, soll die Bäume dann schlagen, wenn der Mond seit drei Tagen abnimmt und die Sonne im Zeichen des Steinbocks steht.

* Brennholz lagert man am besten dann im Schuppen, wenn der Mond abnimmt. Sonst zieht es Feuchtigkeit an und wird schimmelig.

* Sträucher, die man drei Tage nach dem 21. Juni ausreißt, wachsen nicht mehr nach. Das gilt auch für Heidekraut und Unkraut.

* Festes Holz für Werkzeug oder Möbel erhält man, wenn man

den Baum in den ersten acht Tagen nach dem Dezemberneumond in Waage, Löwe oder Jungfrau schlägt.

* "Krechtholz" - das ist "gerechtes, rechtes Holz" - wurde z. B. für Besenstiele oder Axtgriffe gebraucht. Es muß hart, griffig und leicht sein. "Machlholz" ist Holz, aus dem etwas "gemacht" wird - Möbel, Schränke oder Truhen. Die gewünschten Eigenschaften hat das Holz, wenn der Neumond auf Skorpion fällt - also meist im Novemberneumond. Es muß sofort entrindet werden; denn für den Borkenkäfer ist bei Skorpion geschlagenes Holz das Signal zum Angriff.

* Steinhart wird Holz dann, wenn es an Neujahr und vom 31. Januar bis 2. Februar geschlagen wurde.

* Holz für Pfahlbauten im Wasser, für Schiffs- und Bootsstege schlägt man an warmen Sommertagen bei zunehmendem Mond. Man soll es gleich zum Bauen verwenden, denn es steht im Vollsaft.

* Zu bestimmten Zeiten wird Holz unbrennbar: Am 1. März, nach dem Sonnenuntergang geschlagenes Holz widersteht dem Feuer. Fast gleich gut wie dieses Datum sind der letzte Tag vor dem Dezemberneumond und die letzten 48 Stunden vor dem Märzneumond.

* Brennholz dagegen sollte man am besten im Oktober im ersten Viertel des zunehmenden Mondes schlagen; auch die Zeit nach der Wintersonnenwende bei abnehmendem Mond ist gut für Brennholz geeignet.

* Holz, das nicht reißen soll (also etwa für Möbel und Schnitzereien) wird am besten in den Tagen vor dem Novemberneumond geschlagen. Alternativen sind der 25. März, der 29. Juni und der 31. Dezember - dieses Holz reißt ebenfalls nicht auf, wenn der Wipfel des gefällten Baumes gegen das Tal fällt. Bei

ebenem Gelände sollte man den Wipfel noch etwas am Baum lassen, um den letzten Saft herauszuziehen.

* Holz, das schnell verbaut werden soll - weil es etwa gebrannt hat und schnell wieder aufgebaut werden muß - darf später auf keinen Fall reißen. Deshalb schlägt man es am 24. Juni zwischen 11 und 12 Uhr mittags (Sommerzeit: zwischen 12 und 1 Uhr). Früher war dies eine ganz besondere Zeit: Die Holzfäller gingen in Scharen in den Wald und sägten in dieser einen Stunde, was nur ging. Dieses Holz verbaute man dann in Dachstühlen.

* Tannen behalten ihre Nadeln besonders lange, wenn man den Baum drei Tage vor dem elften Vollmond des Jahres (meist im November) schlägt. Früher erhielten diese Bäume vom Förster einen "Mondstempel" und waren etwas teurer als andere Christbäume. Auch Fichten nadeln dann nicht, sollten aber bis Weihnachten kühl gelagert werden.

MAI

Der Wonnemonat Mai wird auch Marienmonat genannt. Er wird von vielen Dichtern besungen, er ist der Monat der Liebenden. Der Bauersmann allerdings wünscht sich den Mai ruhig ein wenig trübe: Um so besser gedeiht dann alles.

1. Mai

Seit 1890 wird heute der "Tag der Arbeit" begangen. Ursprünglich war es ein Demonstrations- und Feiertag der internationalen sozialistischen Arbeiterbewegung.

Doch der 1. Mai als Festtag ist viel älter: Schon im 13. Jahrhundert beging man an diesem Datum in Italien und England die "Einführung des Frühlings". Den Maibaum übrigens kennt man seit etwa 500 Jahren: Zum erstenmal wurde er in Franken erwähnt.

Arnold, Augustin,
Evermar, Jakob, Josef der Arbeiter,
Philipp, Pius V., Sigismund

Kommt der 1. Mai mit Schall
bringt er Gauch (Kuckuck)
und Nachtigall.

2. Mai

Jetzt gibt es in katholischen Gemeinden überall Maiandachten - bis zum Ende des Monats wird die Muttergottes damit besonders verehrt. Ursprünglich dürften die Maiandachten eingeführt worden sein, um heidnische Frühlingsfeiern ins Christentum zu überführen.

Athanasius, Boris,
Geva, Konrad, Liuthard, Mafalda,
Wiborada, Zoe

Im Mai viel Wind
begehrt des Bauern Gesind'.

3. Mai

Heute feiert man in der katholischen Kirche die Kreuzauffindung. Außerdem ist der 3. Mai ein "verworfener Tag" - einer von vieren in diesem Monat.

Alexander, Everword, Jakobus,
Philipp von Zell, Richard

Wie's Wetter am Kreuzauffindungstag
bis Himmelfahrt es bleiben mag.

4. Mai

Heute ist der Ehrentag des heiligen Florian. Er soll vor Feuers- und Wassernöten schützen. Sehr bekannt ist der Spruch: "St. Florian, St. Florian, verschon' mein Haus, zünd' andere an."

Briktius, Cäcilia, Florian, Guido,
Jean-Martin, Valeria

Der Florian, der Florian
noch einen Schneemann setzen kann.

5. Mai

Im 100jährigen Kalender wird für die ersten Maitage kein gutes Wetter vorausgesagt. Es kann noch empfindlich kühl sein.

Angelus, Franz, Godehard, Jutta, Sigrid, Waldrada

Regen im Mai
bringt Wohlstand und Heu.

6. Mai

Tip für die Wetterbeobachtung: Wenn die Luft des Sonnenunter-gangs blaßgelb oder dunkelrot aussieht, bleibt das Wetter nicht mehr lange schön.

Antonia, Britto, Domitian, Gundula,
Johann von der Pfalz, Markward

Johannisnacht gesteckte Zwiebel
wird groß fast wie ein Butterkübel.

7. Mai

Aus der Volksmedizin stammt dieses Mittel gegen Gicht und Rheuma: Täglich den Saft zweier ausgekochter Sellerieknollen trinken - ein paar Wochen lang.

Balbulus, Boris, Gisela, Heilika, Notker,
Stanislaus

Wenn sich naht Sankt Stanislaus,
rollen die Kartoffeln aus.

8. Mai

Viele Bauernregeln gehen von einem sechsmonatigem Rhythmus aus. Die Meteorologen können das zum Teil bestätigen: Im Alpenvorland gilt die Regel: "Der Mai kommt gezogen wie der November verflogen".

Desideratus, Evodia, Friedrich, Klara, Ulrich, Ulrike,
Wigger, Wolfhild

Mairegen auf die Saaten ist wie Dukaten.

9. Mai
So heißt der Mai in anderen Sprachen:
im Mittelhochdeutschen - Mei
im Französischen - Mai
in Latein - Majus
im Altdeutschen - Wonnemond
im Englischen - May
im Italienischen - Maggio
im Hebräischen - Sivan
im Arabischen - Dschumada I.

Adalgar, Beatus vom Thuner See, Ottokar,
Theresia, Volkmar

Wenn's im Mai viel regnet,
ist das Jahr gesegnet.

10. Mai
Der Monat Mai war in heidnischen Zeiten der jungfräulichen Frühlingsgöttin Maya geweiht. Deshalb trug man traditionell zu Ehren des neuen Gewandes der Erdmutter frisches Grün und liebte sich in den frisch gepflügten Feldern. Der 10. Mai ist ein "verworfener" oder "Schwendtag".

Antonin, Epimachus, Gordian

Wenn im Mai die Wachteln schlagen,
künden sie von Regentagen.

11. Mai

Von den Bauern gefürchtet sind die drei Eisheiligen: Um diese
Tage herum ist meist noch einmal mit einem Temperatursturz
und Kälteeinbruch zu rechnen. Meist wartete man früher daher
mit dem Säen und Pflanzen, bis die "kalte Sophie" (15. Mai) vorbei war. Auch das Vieh wurde erst nach diesem Termin auf die
Sommerweide getrieben. In Norddeutschland zählt der heutige
Tag - der Mamertus - schon dazu.

Adalbert, Gangolf, Joachim, Mamertus,
Thomas, Udilkalk

Fröste im Mai schädlich sind,
gut hingegen sind die Wind'.

12. Mai

Der 40. Tag nach Ostern ist das Hochfest Christi Himmelfahrt.
Heute noch wird es bei uns als "Vatertag" gefeiert. In der Barock-
zeit kannte man den Brauch, eine Christusfigur an einem Seil aus
dem Kirchenschiff in den Dachboden der Kirche zu ziehen. Der
Volksglaube besagte, daß aus der Richtung schlechtes Wetter
komme, in die diese Figur letztendlich blickte.

Achilleus, Imelda,
Nereus, Modoald, Pankratius

Wenn's an Pankratius gefriert,
wird im Garten viel ruiniert.

13. Mai

Natürlich kommen die Eisheiligen nicht jedes Jahr genau pünktlich zu diesem Datum. Überliefert und auch wissenschaftlich nachgewiesen sind aber auf jeden Fall Luftdruckveränderungen um diese Jahreszeit, die Nordwind und Nachtfröste mit sich bringen.

Agnes, Robert, Servatius

Pankraz und Servaz sind zwei böse Brüder:
Was der Frühling gemacht, zerstören sie wieder.

14. Mai

Der 100jährige Kalender meint: Ist's um diese Zeit wirklich schön warm, kann man auch mit einem warmen Oktober rechnen.

Bonifatius, Christian, Iso, Pachomius,
Paschalis I.

Wer seine Schafe schert vor Bonifaz,
dem ist die Woll' lieber als das Schaf.

15. Mai

In Süddeutschland kennt man heute noch eine vierte Eisheilige: die "kalte Sophie".

Friedrich,
Gerebern, Isidor, Rupert, Sophia

Vor Nachtfrost sicher bist du nicht,
bevor Sophie vorüber ist.

16. Mai
Jetzt kann man endlich alle - auch die empfindlicheren Gewächse - ansäen. Alle Pflanzen können auf die Terrasse. Sogar auf dem Balkon lassen sich Tomaten und Bohnen züchten.

Adelphus, Johannes Nepomuk, Ubald

Ist der Mai recht heiß und trocken,
kriegt der Bauer kleine Brocken.
Ist er aber feucht und kühl,
gibt es Frücht' und Futter viel.

17. Mai
Der Monat Mai gehörte bis ins 17. Jahrhundert hinein den Hexen. In Treves etwa läutete man nachts die Kirchenglocken, um die Stadt vor fliegenden Hexen zu schützen.

Bruna, Dietmar,
Paschalis, Torpetus, Walter

Donnert es im Mai recht viel,
hat der Bauer gutes Spiel.

18. Mai
Im Wonnemonat Mai wollen die meisten Paare den Bund fürs Leben schließen. Dabei galt dieser Monat in heidnischen Zeiten als "ehefrei" - man durfte in diesen Tagen freizügig einen anderen Partner wählen.

Blandina, Dioscorus, Dietmar, Erich IX., Felix,
Johannes I., Venantius

Der Mai in der Mitte
hat für den Winter noch eine Hütte.

19. Mai

Nach dem 100jährigen Kalender ist in diesem Jahr eine gute
Ernte bei Kraut und Rüben zu erwarten. Auch die Wicken wachsen sehr gut.

Alkuin, Bernarda, Dunstan, Ivo, Kuno

Ein kalter Mai tötet das Ungeziefer
und verspricht eine gute Ernte.

20. Mai

Nach altem Volksglauben entfalten im Mai die Edelsteine Achat
und Smaragd ihre besonderen Kräfte. Achate sollen gegen Streitigkeiten helfen - sie sind auch dem Planeten Merkur zugeordnet. Smaragde - unter die Zunge gelegt - sollen prophetische
Gaben verleihen.

Bartholomäus, Bernhardin von Siena, Elfriede,
Saturnia, Valeria

Ein heißer Mai
ist des Todes Kanzlei.

21. Mai

Nach dem 100jährigen Kalender ist der Mai im Jupiterjahr eher
von schlechtem Wetter geprägt: Kälte und Regen sind angesagt -
bis zum Monatsende.

Ehrenfried, Hermann, Joseph,
Konstantin der Große,
Oswin, Wiltrud

Ist's im Mai recht kalt und naß,
haben die Maikäfer wenig Spaß.

22. Mai

Am 50. Tag nach Ostern wird Pfingsten gefeiert - der "Geburtstag" der Kirche. In vielen katholischen Kirchen ist heute Fir-
mung, in den protestantischen Konfirmation. Die an diesem Tag
nach altem Brauch noch stattfindenden Umzüge, Umritte und
Tänze haben ihren Ursprung in den Traditionen des Neujahrsfe-
stes. Denn der geistliche Gehalt des Pfingstfestes war den Gläubigen schwer zu vermitteln. So wurde Pfingsten auch nie so
volkstümlich wie etwa Weihnachten oder Ostern. Der 22. Mai ist
ein "verworfener Tag".

Ämilius, Helswind, Julia, Konstantin, Renate,
Rita, Romuald

Nasser Mai
bringt trockenen Juni herbei.

23. Mai

Am Pfingstmonat gibt es besonders viele Bräuche, die mit Wasser, Regen und Tau in Verbindung stehen. Reste dieser alten
Feste aus heidnischer Zeit werden noch im Alpenraum gefeiert.

Dort kennt man auch noch die Pfingstumritte mit prächtig geschmückten Pferden.

Desiderius, Johann, Wipert

Je mehr die Maikäfer verzehren,
um so mehr wird die Ernte bescheren.

24. Mai

Die Sonne kann - nach dem 100jährigen Kalender - ein Schlechtwetterbote sein: nämlich dann, wenn sie "Wasser zieht".

Auxilia, Dagmar, Esther, Franz, Magdalena, Sophie

Die Liebe und der Mai
gehen selten ohne Frost vorbei.

25. Mai

Am heutigen Urbantag werden in manchen Gegenden Bittgänge durch die Weinberge abgehalten - zu Ehren dieses Weinheiligen und Patrons der Weinbauern und Schäffler. Wenn an diesem Tag die Sonne scheint, überschüttet man in Franken eine Urbanfigur mit Wein; regnet es dagegen, bekommt der Heilige eine Wasserdusche. Der 25. Mai ist der letzte der "Schwendtage" in diesem Monat.

Beda, Egilhard, Gregor VII., Heinrich, Heribert,
Maria Magdalena, Urban I.

Scheint am Urbanstag die Sonne,
so gerät der Wein zur Wonne.
Regnet's aber, nimmt er Schaden,
und wird selten wohlgeraten.

26. Mai
Jetzt kann man auch schon Sommersalat einsetzen - bis August
erntet man dann frischen, knackigen Salat.

Alwin, Augustin, Beda, Maria Anna,
Philipp Neri, Regintrud

Steht der Wind im Mai aus Süden,
wird bald Regen uns beschieden.

27. Mai
In der Volksmedizin heißt es, daß Brennesseltee den Organis-
mus kräftigt und gegen brüchige Nägel hilft. Vier bis sechs
Wochen lang täglich eine Tasse mit einer darin gelösten Tablette
Kieselerde trinken.

Augustin von Canterbury, Erun

Ein Bienenschwarm im Mai
ist wert ein Fuder Heu.

28. Mai
Wenn es um den Urbantag (25. Mai) herum schönes Wetter ist,
so folgt sicher auch ein schöner, warmer Herbst. Das meint der
100jährige Kalender.

Germanus, Margareta, Rudhard, Thietland, Wilhelm

Der Mai bringt Blumen dem Gesichte,
aber dem Magen keine Früchte.

29. Mai
Ist das Wetter gegen Ende Mai kalt und regnerisch, so - das meint der 100jährige Kalender - wird auch der Herbst, vor allem der September, eher Regen bringen.

Bona, Irmtrud, Maximin, Walram

Regen im Mai
bringt fürs ganze Jahr Brot und Heu.

30. Mai
In der natürlichen Hausapotheke findet sich ein probates Mittel zum Einschlafen: Ein Glas Milch mit Honig und Eigelb verrührt beruhigt die Nerven und führt zu tiefem und ruhigem Schlaf.

Ferdinand, Hubert, Johanna von Orleans,
Reinhild

Wenn im Mai die Bienen schwärmen,
sollte man vor Freude lärmen.

31. Mai

In der katholischen Kirche wird heute das Fest "Maria Königin"
begangen.

Aldo, Fulko, Helmtrud, Mechthild,
Petronilla, Sigewin

Ist es klar an Petronell,
meßt den Flachs ihr mit der Ell'.

JUNI

Der Juni wurde auch "Brachmond" genannt. In der zweiten Hälfte des Monats beginnt die Heuernte, die früher alle Arbeitskräfte auf dem Bauernhof in Anspruch nahm. Alle mußten mithelfen: Knechte und Mägde, die Bäuerin und sogar auch die Kinder.

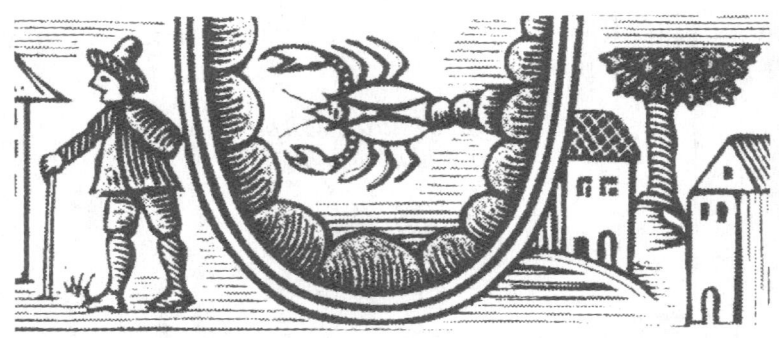

1. Juni
Der Bauer wünscht sich das Wetter im Juni feucht und warm.
Dann ist - so weiß er von alters her - eine gute Ernte gewiß.

Fortunat, Justin, Ronan, Simeon

Schönes Wetter auf Fortunat,
ein gutes Jahr zu bedeuten hat.

2. Juni
Das Hohe Fest der Eucharistie wird in katholischen Kirchen am Fronleichnamstag gefeiert. Erst seit 1294 wurde dieser Feiertag immer am zweiten Donnerstag nach Pfingsten festgesetzt. Es gibt an diesem Tag prunkvolle Prozessionen in Stadt und Land, die ganze Gemeinde nimmt daran teil. Besonders prachtvoll sind die See- und Flußprozessionen.

Armin, Blandina,
Erasmus, Eugen I., Marzellinus, Oddar, Petrus, Stephan

Gibt's im Juni Donnerwetter,
wird auch das Getreide fetter.

3. Juni

Bei den alten Römern war dieser Monat der Göttin Juno geweiht.
Sie war die Patronin von Ehe und Familie. In manchen Ländern ist
daher dieser Monat immer noch traditionell für Hochzeiten üblich.

Erpho, Hilburg, Karl Lwanga, Klothilde,
Morand

Bleibt der Juni kühl,
wird's dem Bauern schwül.

4. Juni

Im Juni blühen alle Wiesen, das Getreide wächst heran. Weil
jetzt nichts ausgesät und gepflanzt wird, nennt man diesen
Monat auch den "Brachmonat".

Christa, Eva, Quirin, Werner von Ellerbach

Was im Juni nicht wächst,
gehört in den Ofen.

5. Juni

Der 100jährige Kalender sagt für den Juni im Jupiterjahr 1994
anfangs starken Regen voraus. Erst ab 5. Juni soll schlagartig Wet-
terbesserung eintreten.

Adalar, Bonifatius, Eoban, Fulger, Meinwerk

Auf den Juni kommt es an,
ob die Ernte soll bestan.
Juni feucht und warm,
macht keinen Bauern arm.

6. Juni

Nach der natürlichen Hausapotheke hilft gegen Sonnenbrand ein Wattebausch, den man mit Kamillentee oder Buttermilch getränkt hat. Er sollte mindestens eine halbe Stunde aufgelegt werden.

Bertrand, Falko, Kevin, Klaudius, Norbert von Xanten

Ist der Juni feucht und naß,
gibt's viel Frucht und grünes Gras.

7. Juni

So heißt der Juni in anderen Sprachen:
im Mittelhochdeutschen - Brachmond
im Französischen - Juin
in Latein - Junius
im Altdeutschen - Brachet

im Englischen - June
im Italienischen - Giugno
im Hebräischen - Tammuz
im Arabischen - Dschumada II.

Deochar, Dietger, Eoban, Herkumbert, Robert

Juni viel Donner
verkündet trüben Sommer.

8. Juni

Vor allem im Süden Deutschlands wird der Medardustag mit dem Beginn der Heuernte verbunden. Ein Volksglaube besagt, daß am Tag des heiligen Medard, des Patrons der Bauern, Winzer und Bierbrauer, das Abendbrot bis zum letzten Bissen verzehrt werden muß, denn: "Soviel übrig bleibt, mit so viel Arbeit bleibt man den ganzen Sommer über im Rückstand."

Engelbert, Ilga (Helga), Giseibert,
Maria, Medard

Was Sankt Medard für Wetter hält,
solch Wetter auch in die Ernte fällt.

9. Juni

Der 100jährige Kalender sagt, wie man ein Gewitter erkennen kann: Es kommt nämlich meist dann, wenn der Bergwind von oben nach unten geht.

Ephräm, Ephraim der Syrer, Felizian, Gratia,
Liborus, Primus

Wenn im Juni Nordwind weht,
das Korn zur Ernte trefflich steht.

10. Juni
Nach alter Volksmedizin hat Honig heilende Wirkung: Eine
offene, schlecht heilende Wunde schließt sich erstaunlich rasch,
wenn sie mit echtem, reinen Bienenhonig bestrichen wird.

Bardo, Diana, Eustachius,
Gerlach, Heinrich, Margarete von Schottland,
Maurin, Oliver

Hat Margaret kein' Sonnenschein,
kommt das Heu nie trocken ein.

11. Juni
Nach dem 100jährigen Kalender fällt die Hopfenernte in diesem
Jahr nicht so üppig aus. Doch die Qualität des Hopfens ist dafür
besonders gut.

Aleydis, Barnabas, Jolenta, Rimbert

Wenn Sankt Barnabas bringt Regen,
so gibt es viel Traubensegen.

12. Juni

Weinkenner sollten sich im Jupiterjahr 1994 zurückhalten - es ist kein gutes Weinjahr. Die kommenden drei Jahre dagegen versprechen eine gute und qualitativ hochstehende Ernte.

Eskil, Leo III., Odulf

Springende Frösche
bringen Gewitterfrische.

13. Juni

Heute ist der Ehrentag des heiligen Antonius. Er ist nach altem Volksglauben für vergessene und verlorene Gegenstände "zuständig".

Antonius von Padua, Bernhard, Ragnebert

Wenn Sankt Anton gut Wetter lacht,
Sankt Peter (29. Juni) in viel Wasser macht.

14. Juni

Tip für die Wetterbeobachtung: Flimmert die Luft, deutet dies für die nächste Zeit auf gutes Wetter hin.

Burchard, Eppo, Gottschalk, Lidwina, Meinrad

Soll gedeihen Korn und Wein,
muß im Juni warm es sein.

15. Juni

Der Sankt-Veits-Tag gehört nach alter Sitte schon zu den Festlichkeiten um Sonnwend. Früher gingen die jungen Burschen im Dorf von Haus zu Haus, um sich Holz zu erbetteln. Daraus wurde dann ein "Himmelsfeuer" angezündet, mit dem man das Glück beschwören wollte.

*Eigil, Gebhard, Isfried, Klara, Landelin,
Lothar, Vitus (Veit)*

Nach Sankt Veit wendet sich die Zeit,
alles geht auf die andere Seit'.

16. Juni

Nach altem Volksglauben ist der besondere Edelstein für den Monat Juni der Karfunkel. Seine "moderne" Bezeichnung ist Rubin. Der Karfunkel wird der Sonne zugeordnet und soll vor Giften und der Pest schützen, die schlechten Gedanken vertreiben und böse Träume verhindern.

Benno, Luitgard, Quirin

Wer auf Sankt Benno baut,
kriegt viel Flachs und Kraut.

17. Juni

Heute ist einer der beiden "verworfenen Tage" im Monat Juni. An diesem Tag sollte man nichts Wichtiges unternehmen.

Adolf, Euphemia, Fulko, Ramwold

Juniregen und Brauttränen
dauern so lange wie's Gähren.

18. Juni

Der 100jährige Kalender stellt einen Zusammenhang zwischen Juni- und Dezemberwetter fest: "Wie die Junihitze sich stellt, so stellt sich auch die Dezemberkält'."

Elisabeth, Felicius, Potentin, Simplicius

Im Juni kühl und trocken,
dann gibt's was in die Milch zu brocken.

19. Juni

Um die Monatsmitte herum fürchten Bauern und Gärtner die "Schafskälte". Sie bringt oft nach warmen Junitagen empfindlich kühle Temperaturen.

*Andreas, Deodat, Elisabeth, Gervasius, Hildegrim,
Protasius, Rasso*

Wenn's regnet auf Gervasius,
es vierzig Tage regnen muß.

20. Juni

Tip für die Wetterbeobachtung: Steht morgens schon ein Regenbogen am Himmel, wird sich wahrscheinlich das Wetter verschlechtern.

Adalbert, Benigna, Florentina, Silas, Meinrich

Viermal Juniregen
bringt zwölfmal Segen.

21. Juni

Heute ist Sommeranfang - der Zeitpunkt also, an dem die Sonne ihren höchsten Stand am nördlichen Wendekreis erreicht hat. Auf der nördlichen Erdhalbkugel ist heute der längste Tag und die kürzeste Nacht. Ab morgen werden die Tage wieder kürzer.

Alban, Aloisius Gonzaga, Radulf

Fliegt der Kiebitz tief und die Schwalbe hoch,
so bleibt die trockene Witterung noch.

22. Juni

In der Volksmedizin wird dieses Mittel zur Stärkung und Erhaltung der Sehkraft empfohlen: Man soll die Augenlider und Augenbrauen sowie die Schläfen täglich kurz vor dem Schlafengehen mit kaltem Wasser befeuchten.

Achatius, Albin,
Christine, Eberhard, John, Sighild,
Rotrud, Viktor

Blüht im Juni der Stock in vollem Licht,
große Beeren er verspricht.

23. Juni

In manchen Jahren - so warnt der 100jährige Kalender - kann die
Schafskälte bis zu zwei Wochen andauern.

Basilius, Edeltraut, Hildulf

Reif in der Juninacht
dem Bauer Sorgen macht.

24. Juni

Bei den Kelten und den Germanen war heute einer der höchsten
Festtage: Mittsommernacht. Das Christentum hat daraus den
Geburtstag von Johannes dem Täufer gemacht, um den Feiern
einen christlichen Anstrich zu geben. Traditionsgemäß brennen
heute Nacht überall die Johannisfeuer. Wer das Feuer mit einem
Satz überspringen kann, bleibt von Unglück verschont. Springt
ein Paar gemeinsam durchs Feuer, so bleibt es ein Leben lang
verbunden.

Erembert, Johannes der Täufer, Rumold,
Theodulf, Thöger

Vor dem Johannestag
man keine Gerste loben mag.
Tritt auf Johannis Regen ein,
so wird der Nußwachs nicht gedeih'n.

25. Juni

Aus der Volksgesundheit stammt folgender Rat gegen zu hohen
Blutdruck: Man sollte viel frische, rohe Pfirsiche essen.

Burchard, Dorothea, Eleonore, Eulogius, Gohard,
Prosper, Wilhelm

Wenn an Johannis die Linde blüht,
ist an Jakobi (25. Juli) das Korn reif.

26. Juni

Nach dem 100jährigen Kalender kommt sicher schönes Wetter,
wenn auf einen grauen Morgenhimmel ein roter Abendhimmel
folgt.

Anthelm, Jeremias, Johannes, Paulus, Vigilius

Wenn die Johanniswürmer glänzen,
darfst du richten deine Sensen.

27. Juni

Heute ist "Siebenschläfer": Der Legende nach wurden sieben
Brüder verfolgt und flohen in eine Höhle. Dort schliefen sie ein

und wurden eingemauert. 200 Jahre später wurden sie von einem Bauern entdeckt. Er öffnete das Versteck und - die Brüder erwachten frisch und munter.

Ariald, Azreus,
Cyrill von Alexandrien, Creszenz, Daniel, Eppo,
Gerhoh, Maximus, Theonest

Regnet es am Siebenschläfertag,
so regnet's noch sieben Wochen danach.

28. Juni

Nach dem 100jährigen Kalender regnet es im Sommer des Jupiterjahres zwar ausgiebig und viel. Dennoch kommt es kaum zu Überschwemmungen und Hochwasserkatastrophen.

Ekkehard, Irenäus, Heimerad, Theudechild (Diethild)

Was es in die Rosen regnet,
wird den Feldern mehr gesegnet.

29. Juni

Die Apostel Petrus und Paulus galten den Bauern von alters her als große Wetterpropheten. Man ging davon aus, daß ab diesem Tag das Getreide rasch reifte und ein Wetterumschwung bevorstand.

Beata, Gero, Hemma,
Judith, Peter und Paul, Salome

Regnet's an Peter und Paul,
wird des Winzers Ernte faul.
Peter und Paul hell und klar
bringt ein gutes Jahr.

30. Juni

In der Volksmedizin wird Estragon empfohlen, wenn man seine Verdauung anregen will. Estragon - und auch viele andere Gewürze - kann man selbst ziehen, sogar auf dem Balkon in einem Blumentopf. Der 30. Juni ist ein "verworfener Tag", an dem man nach altem Glauben nichts Besonderes anfangen soll.

Adolf, Bertecham,
Donatus, Erentrud, Ernst, Otto von Bamberg,
Theobald, Wilhelm

Nordwind, der im Juni weht,
nicht in bestem Rufe steht,
kommt er an mit kühlem Guß,
bald Gewitter folgen muß.

Wachstumsregeln

Wir haben schon im fünften Kapitel darauf hingewiesen, daß der Mond bei Aussaat, Wachstum und Ernte eine wichtige Rolle spielt. Man sollte sich an die Mondregeln halten, wenn man gut und viel ernten will. Die Bauern wenden die Mondeinflüsse schon seit vielen Tausenden von Jahren nutzbringend an; aber sie kennen noch andere Regeln, die ihnen beim Anbau ihrer Getreide und Gemüse helfen. Nicht nur aus dem Verhalten der Tiere ziehen sie Rückschlüsse auf die kommende Witterung - auch Bäume und Sträucher "verraten", wie das Wetter wird. In diesen Bauernregeln spielen Pflanzen die wichtigste Rolle:

Findest du die Birke ohne Saft,
kommt bald der Winter voller Kraft.

Fällt das Buchenlaub früh und schnell,
wird der Winter streng und hell.
Fällt das Laub sehr bald,
wird der Herbst nicht alt.

Hängt das Laub bis November hinein,
wird der Winter lange sein.

Späte Rosen im Garten,
der Winter läßt warten.

Viele Rosen - scharfes Wintertosen.

Wenn an Johannis (24. Juni) die Linde blüht,
ist an Jakobi (25. Juli) das Korn reif.

Läßt der Baum das Laub nicht gern,
ist der Winter meilenfern.
Wenn's Laub fällt, folgt große Kält'.
Wenn's viel Bucheckern gibt,
gibt's einen harten Winter.

Hat die Eiche viele Eicheln,
wird der Winter streng uns streicheln.
Gibt's viele Eicheln im September,
fällt viel Schnee im Dezember.

Im September viel Schleh',
im Dezember viel Schnee.

Im April muß der Holunder sprossen,
sonst wird des Bauern Miene ganz verdrossen.

Je zeitiger im April die Schlehe blüht,
um so früher vor Jakobi (25. Juli) die Ernte glüht.

Zu Georgi Güte
steh'n alle Bäum' in Blüte.

Ist der Wein abgeblüht auf Sankt Vit (15.Juni),
so bringt er ein schönes Weinjahr mit.

Wenn großblumig im Juli wir Disteln erblicken,
will Gott gar guten Herbst uns schicken.

Blühen im August die Frühlingsblumen,
bedeutet das einen gelinden Winter.

Späte Rosen im Garten:
Schöner Herbst! Der Winter kann warten.

Steht im November der Buche Holz im Saft,
so wird der Regen stärker als der Sonne Kraft;
ist es aber starr und fest,
sich große Kälte erwarten läßt.
Wenn das Laub nicht vor Martini abfällt,
sich ein harter Winter lange hält.

Treibt die Esche vor der Eiche,
hält der Sommer große Bleiche.
Treibt die Eiche vor der Esche,
hält der Sommer große Wäsche.

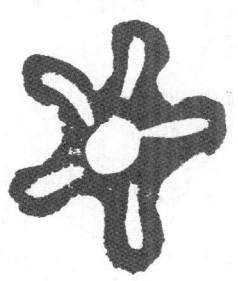

Die Blumenuhr

Am Öffnen und Schließen der Blüten verschiedener Blumen kann man die Tageszeit ablesen. Früher haben sich die Landarbeiter auf dem Feld nach dem Bocksbart gerichtet, denn seine Taschenuhr trug man ja nur an Festtagen. Schloß der Bocksbart seine Blüten, so wurde Mittagspause gemacht.

Die nachfolgende Liste ist an der Mitteleuropäischen Zeit ausgerichtet. Die Sonnenzeit weicht davon einige Minuten ab, für die Sommerzeit muß man eine Stunde hinzurechnen. In römischen Ziffern sind die Monate der Blütezeiten angegeben.

Es öffnen sich

um 6 Uhr:	Zaunwinde	VI-IX
	Gelbrote Taglilie	VII-VII
um 7 Uhr:	Weiße Seerose	VI-X
	Ringelblume	VI-X
um 8 Uhr:	Habichtskraut	VI-VII
	Gauchheil	VI-X
um 9 Uhr:	Ringelblume (bei trübem Wetter)	VI-X
	Pfingstnelke	VI-IX
um 10 Uhr:	Malven	VII-VII
	Stockrose	VII-IX
um 11 Uhr:	Tigerblume	VII-IX
	Stern von Bethlehem	IV-V
um 16 Uhr:	Wunderblume	VI-X
um 18 Uhr:	Nachtkerze	VI-IX

Es schließen sich

um 12 Uhr	Gemeine Wegwarte	VII-IX
	Bocksbart	V-VII
um 13 Uhr	Pfingstnelke	VI-IX
	Lungenkraut	III-V
	Karthäusernelke	VI-IX
um 14 Uhr:	Ringelblume	VI-X
	Roter Spärkling	V-IX
um 15 Uhr:	Wurmlattich	VII-VIII
	Geflecktes Ferkelkraut	V-VIII
um 16 Uhr:	Gauchheil	VI-X
	Zaunwinde	VI-IX
um 17 Uhr:	Weiße Seerose	VI-X

Im Bauerngarten

Auf fast allen Bauernhöfen findet man in der Nähe des Hauses einen Bauerngarten: Hier zieht man Gemüse und Obst, Kräuter und Gewürze, aber auch Blumen und Beeren für den eigenen Gebrauch. Natürlich kennt die Bäuerin allerlei Tricks, wie alles besonders gut gedeiht. Das Wetter spielt natürlich auch hier eine Rolle; aber weil im Bauerngarten alles überschaubarer ist als draußen auf den großen Feldern, wird man nicht auf Regen warten, sondern die Beete mit der Gießkanne oder dem Gartenschlauch bewässern. Doch woran erkennt die Bäuerin, ob es bald regnet? Die Pflanzen verraten es ihr:

* Pflanzen kündigen Regen an, wenn sie mittags noch voll im Saft standen und nachmittags plötzlich die Blätter hängenlassen.

Man kennt bestimmte Gießzeiten:
* morgens vom Sonnenaufgang bis etwa zehn Uhr
* am Spätnachmittag bis zur eintretenden Dunkelheit
* bei großer Hitze nicht vor 18 Uhr, morgens nicht nach 8 Uhr
* während der ersten Frühlingswochen nur in der erwärmten Tageszeit
* Mistbeete immer morgens

* Scheinbar nasses Wetter (Nebel, Nieselregen) kann für manche Pflanzen zu wenig Feuchtigkeit bringen. Lieber die Bodenfeuchtigkeit überprüfen, bevor man das Risiko eingeht, daß die Pflanzen eintrocknen.

Die Art des Gießens ist entscheidend:
* Regelmäßigkeit ist natürlich wichtig - am besten täglich zur selben Zeit
* An heißen Sommertagen sollte man seine Pflanzen wie mit einem Duschbad bespritzen - das frischt sie auf. Es ersetzt aber nicht das Gießen.
* Gießen und Spritzen sollten in einem ausgewogenen Verhältnis zueinander stehen.
* An heißen Tagen muß man so hoch über die Pflanzen spritzen, daß das Wasser sich auf dem Weg durch die Luft gut erwärmen kann.
* Während der Blütezeit darf man nicht abbrausen, denn das erschwert unter Umständen die Bestäubung.

Die Wasserqualität muß beachtet werden:
* Optimal ist abgestandenes Regenwasser.
* Das Wasser sollte kalk- und eisenfrei, allerdings aber auch nicht zu kalt sein.
* Gibt es nur kälteres Wasser, dann immer dieses nehmen. Die Pflanzen gewöhnen sich daran - aber sie gewöhnen sich nicht an einen ständigen Wechsel zwischen kalt und warm.

Tips und Tricks für das Gemüsebeet

* Sellerie mag's salzig: Wenn er nicht recht gedeiht, gießt man gelegentlich mit einem Guß Salzwasser (ein Eßlöffel auf zehn Liter Wasser).

* Gewürzgurken setzen reichlich Früchte an, wenn der Haupttrieb nach dem dritten Blatt entspitzt wird. Die sich dann bildenden Seitentriebe sind besonders üppig mit Blüten und in Folge dann mit Früchten besetzt.

* Von einer Kohlrabi-Pflanze kann man mehrere Knollen ernten: Dafür bei der Ernte die Knolle so abschneiden, daß der Strunk und einige der unteren Blätter stehenbleiben. Am Rand der Schnittstelle bilden sich dann neue Knollen - nicht so groß wie die erste, aber dafür fein und klein.

* Blumenkohl ist empfindlich: Beim frühen Setzen muß man darauf achten, daß die Pflanzen nicht zu tief in den Boden gebracht werden.Denn im zeitigen Frühjahr ist nur die obere Erdschicht ausreichend warm.

* Schnittlauch wächst besonders gut, wenn er mit Kaffeesatz gedüngt wird.

* Rosenkohl wächst den Winter hindurch langsam, aber stetig weiter. Sollten sich jedoch bis Mitte September nicht genügend Röschen gebildet haben, kann man die Pflanze köpfen und so die Röschenbildung anregen.

* Kopfsalat kann man zu einer "Endlos-Produktion" bringen, wenn man beim Ernten die unterste Blattrosette an der Wurzel im Boden stehenläßt. Der Salatstumpf braucht dann nur etwa die Hälfte der Zeit, um aus den Blattachseln neue Stengel mit neuen Blätter sprießen zu lassen. Für viele Wochen hat man so immer wieder frischen Pflücksalat.

* Möhren sollte man so spät wie möglich ernten, weil sie bis in den Spätherbst hinein wachsen und dann die ersten Fröste durchaus vertragen.

* Erbsen sollte man morgens und abends ernten, nicht gerade dann, wenn die Erbsen von der Sonne erwärmt sind. Sonst kann es nämlich in den Schoten zu Gärungsprozessen kommen.

*Gurken werden bitter, wenn sie bei Sonnenschein geerntet werden. Auch wenn sie bei warmen und heißen Wetter zu kalt gegossen wurden, kann man bittere Gurken bekommen.
*Gemüse und Obst sollte man am besten morgens bis zehn Uhr geerntet haben. Viele Obst- und Gemüsesorten haben bis zu dieser Uhrzeit den höchsten Aromagehalt.

Tips und Tricks für den Obstgarten

* Tage mit trockener Witterung entziehen dem Obst Feuchtigkeit. Vor der Ernte also unbedingt noch einmal wässern, wenn es sehr heiß und trocken ist.
* Obstbäume sollte man im Herbst anpflanzen, dann hat der Baum im Frühjahr schon neue Wurzeln gebildet. Lediglich bei schwerem Boden empfiehlt sich die Pflanzung im Frühling: Junge Wurzeltriebe könnten in den oft nassen Böden über den Winter leicht von einer Wurzelfäule befallen werden.

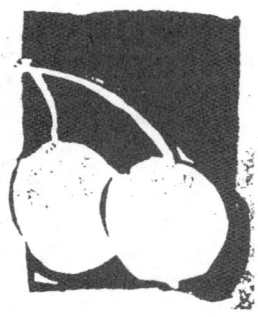

* Die Zeit des Baumschnitts ist vom Blattfall im Herbst bis kurz vor Neuaustrieb im Frühjahr. An Tagen, an denen es kälter als minus fünf Grad ist, sollte man allerdings keine Bäume beschneiden.
* Schneidet man die Obstbäume im Herbst, wird man starke Triebe bekommen.
* Schneidet man sie im Frühjahr, bekommt man schwächere Triebe, aber besseren Fruchtansatz.
* Wollen manche Obstbäume partout keine Frucht tragen, kann es daran liegen, daß sie zu tief eingepflanzt wurden. Die Veredelungsstelle (die man an der Verdickung unten am Stamm erkennt) muß etwa zehn Zentimeter über dem Erdboden stehen. Im Notfall muß man den Baum also höher pflanzen.

* Nicht alle Früchte eines Baumes werden gleichzeitig reif: Pflückt man zunächst nur einen Teil des Obstes, nämlich die Früchte an der Sonnenseite, am Gipfel und die weit außen, so werden die noch nicht reifen Früchte noch an Größe zunehmen.
* Bei Stachelbeeren lohnt es sich, zunächst nur die Hälfte der Früchte schon unreif zu pflücken. Die restlichen Früchte werden dann besonders groß und süß. Die grünen Beeren kann man zum Einmachen von Marmelade oder für Kompott verwenden.
* Wenn die Obstbäume schon in voller Blüte stehen, und es kommt noch einmal zu Frost, so kann man Erfrierungen vorbeugen: Auf den noch gefrorenen Boden legt man eine dicke Schicht kalten Mist. Der Boden taut nun langsamer auf, die Blüte wird hinausgeschoben. Erst wenn keine Nachtfröste mehr zu erwarten sind, wird der Mist entfernt.

Tips und Tricks fürs Blumenbeet

* Allzu blassen Rosen (etwa der Sorte Rosa multiflora) verleiht man mehr Farbe, wenn man den Boden um den Rosenstock etwa zwei Zentimeter dick mit Holzkohlenpulver bedeckt und dieses angießt. Die ehemals fahle Farbe wird zu einem satten Rosa aufblühen.

* Gut riechende Rosen steigern ihren Duft, wenn man dicht neben den Rosenstock eine Speisezwiebel pflanzt.
* Man sollte Rosenblüten dann schneiden, wenn sie in schönster Blüte stehen. Das stärkt den Rosenstock und veranlaßt ihn zum Austreiben immer neuer Knospen und Blüten.
* Schnittblumen bleiben länger frisch, wenn Roter Fingerhut mit in der Vase steht. Gehören Narzissen zu einem Strauß, so sollte man diese zunächst etwa zwei Stunden lang in ein wasserge-fülltes Gefäß stellen. Narzissen haben nämlich einen Wirkstoff, der andere Blumen in der Vase zum schnelleren Welken bringt.

Natürliche Schädlingsbekämpfung

* Der Maulwurf steht unter Naturschutz! Man soll ihn aber mit manchen Methoden vergraulen können: In Seifenlauge gekochte Nüsse, in seine Gänge gelegt, sollen helfen. Trotzdem gilt: Der Maulwurf vernichtet so viele Pflanzenschädlinge, daß man ihn eigentlich dulden sollte.

* Maulwurfsgrillen werden vertrieben, wenn man Erlenrinde abkocht und das Wasser dann ins Beet gießt.

* Wühlmäuse mögen keinen Holunder: Wenn man die Zweige oder zerriebene Holunderblätter in die Gänge stopft, fliehen sie. Noch wirksamer ist eine Jauche aus Holunderblättern. Ein Kilo frische Blätter mit zehn Litern Wasser ansetzen und zehn bis vierzehn Tage stehenlassen; täglich umrühren, bis es nicht mehr schäumt.

* Knoblauch, um Bäume herumgepflanzt, soll Wühlmäuse ebenfalls von ihrer Nagerei abhalten.

* Auch Erdbeermilben mögen keinen Knoblauch. 700 Gramm zerschnittenen Knoblauch auf zehn Liter kochendes Wasser geben, die abgekühlte Flüssigkeit dann zum Gießen der Erdbeerpflanzen verwenden.

* Gegen Erdflöhe hilft das abendliche Übergießen der befallenen Pflanzen mit einem Wermut-Absud. Frisch eingesetzte Kohlpflanzen mulcht man mit Holunderblättern, das läßt Erdflöhe gar nicht erst auftreten.

* Man kann auch Gartenkresse als "Fangpflanze" aussäen - die mögen die Erdflöhe nämlich lieber als alles andere.

* Schnecken fängt man auf Rhabarberblättern. Einfach im Garten auslegen, und die Schnecken dann einsammeln.

* Kleie, besonders Roggenkleie, zieht Schnecken ebenfalls magisch an. Legt man als Lockspeise kleine Kleiehäufchen im Garten aus, kann man die Schnecken bequem einsammeln und aus dem Garten entfernen.

* Gegen Läuse auf Sträuchern wirkt ein kurzes Heißwasserbad (höchstens 55 Grad Celsius). Die befallenen Triebspitzen und Zweige einige Sekunden in das heiße Wasser tauchen.

* Gegen Drahtwürmer helfen am besten natürliche Köder: Gut geeignet sind Salatstengel, die man abends zwischen den Gemüsereihen auslegt. Morgens sammelt man dann die Würmer ein.

* Möhrenfliegen kann man leicht vertreiben, indem man schon beim Anbau Möhren und Zwiebeln mischt. Aber auch Zwiebeljauche (50 Gramm Zwiebelschalen auf zehn Liter Wasser) vertreibt Möhrenfliegen sofort. Gegossen wird unverdünnt, die zehn Liter reichen etwa für eine sieben bis zehn Meter lange Reihe Möhren.

* Gegen Spargelfliegen hilft nur ein Mittel: Zwischen April und Ende Juni, der Zeit des Spargelstechens, muß man im Beet spargeldicke, weiße Holzstäbe verteilen, die man mit Fliegenleim bestrichen hat.

* Gegen Zwiebelfliegen hilft's, wenn man die Pflanzen im Juni und Juli immer wieder mit Holzkohlepulver bestäubt. Man sollte aber ein paar Blüten ohne Pulver lassen - als Köder. Diese beobachtet man dann genau: Sind sie von Zwiebelfliegen befallen, ausreißen und kompostieren.

* Kohlweißlinge kann man mit einem Trick entfernen: Zwischen die Kohlpflanzen leere weiße Eierschalen legen. Das Kohlweißlings-Weibchen wird sie für Eier einer Artgenossin halten und einen anderen Platz suchen.

* Rhabarber hilft gegen die Pilzkrankheit Kohlhernie. Dicht bei den Kohlpflanzen Rhabarberstücke eingraben. Man muß darauf achten, daß man in diesem Bett für bis zu sieben Jahre keine Kreuzblütler (das sind Radieschen, Rettich, Gelbsenf) mehr anbaut.

* Gegen Blattläuse hilft eine Jauche aus Brennesseln: Zehn Kilo frische Brennesseln in 50 Litern Regenwasser 24 Stunden ziehen lassen.

* Feldmäusen verdirbt man den Appetit, indem man Tannen- oder Fichtennadeln unter das Samengut streut.

* Vögel werden von Kirschbäumen ferngehalten, wenn man dort Heringe aufhängt. Dieselbe Methode geht auch gut im Erdbeerbeet: Alle zwei bis drei Meter einen 50 Zentimeter lan-

gen Pfahl in die Erde rammen und einen Hering daran befestigen.

* Schwarze Läuse an dicken Bohnen werden durch Rhabarber vertrieben: Man gießt die Pflanzen mit einem Tee aus frischen Rhabarberblättern - bis zu zweimal die Woche.
* Gegen Quecken hilft der Anbau von Topinambur.
* Gegen Schadinsekten aller Art soll ein Kartoffelsud helfen: Einfach das abgekühlte Kochwasser von Kartoffeln zum Besprengen der Pflanzen verwenden.
* Gegen Blattwespen hilft ein Überbrausen der Blätter mit Seifenwasser: ein Teelöffel Schmierseife auf einen Liter Wasser hilft.
* Manche Raupensorten richten große Schäden an: Am besten spritzt man die Bäume mit einem Warmwasserstrahl (höchstens 45 Grad Celsius) ab.
* Blattläuse mögen Kapuzinerkresse. Pflanzt man diese auf die Baumscheibe von Obstbäumen, so gehen die Blattläuse nicht an die Blätter der Bäume.

JULI

Der Juli trägt auch den Namen Heumond. Die Ernte ist in der zweiten Monatshälfte in vollem Gang.

1. Juli

In der katholischen Kirche begeht man heute das Fest des kostbaren Blutes Christi. Der Juli wird auch "Blut-Christi-Monat" genannt.

Hechard, Theodorich

> So golden die Sonne im Juli strahlt,
> so golden sich der Weizen mahlt.

2. Juli

Der Name "Heumond", wie der Juli ja von alters her auch heißt, stammt aus dem frühen Mittelalter: Damals galt noch der Julianische Kalender, der dem unserigen zehn Tage voraus war. Die Ernte wurde also früher eingefahren als heute.

Jakob Friedrich, Mariä Heimsuchung,
Petrus, Ruzo, Wiltrud

Regnet's am Tag unserer lieben Frauen,
da sie das Gebirg tät beschauen,
so wird sich das Regenwetter mehren
und 40 Tage nacheinander währen.

3. Juli
Heute ist der Tag des heiligen Thomas, dessen Gebeine nach der
Überlieferung am 3. Juli nach Edessa übertragen wurden.

Joseph, Thomas

Juli heiß
lohnt Müh' und Schweiß.

4. Juli
Aus der natürlichen Hausapotheke stammt dieses Mittel für eine
"sonnenbrandsichere" Haut: Die Haut einfach mit einer halben
Zitrone einreiben. Vorher aber die Rückstände von Sonnen-
creme entfernen.

Bernold, Berta, Bruno, Elisabeth von Portugal, Hatto,
Ulrich von Augsburg

Regen am Sankt-Ulrichs-Tag
macht die Birnen stichig-mad'.

5. Juli

Eine alte bäuerliche Überlieferung sagt: "Die Julisonne arbeitet für zwei" - schließlich muß sie "braten", was Ende August und im September "gar" (d.h. erntereif) sein soll.

Antonius Maria Zaccaria,
Kyrilla, Lätizia, Maria

Im Juli will der Bauer lieber schwitzen
als untätig hinterm Ofen sitzen.

6. Juli

Nach dem 100jährigen Kalender wird der Juli im Jupiterjahr 1994 sehr heiß und trocken. Allerdings kann es heftige Gewitter geben.

Goar, Maretta, Maria Theresia, Thomas

Ein tüchtiges Juligewitter
ist gut für Winzer und Schnitter.

7. Juli

Schlecht ist es für die Ernte, wenn jedoch aus einem Gewitter ein langanhaltender Landregen wird.

Bodard, Edelburg, Waltfried,
Willibald von Eichstätt

Wenn Donner kommt im Julius,
viel Regen man erwarten muß.

8. Juli

So heißt der Juli in anderen Sprachen:
Im Mittelhochdeutschen - Heumond
im Französischen - Juillet
in Latein - Julius
im Altdeutschen - Heuertm
im Englischen - July
im Italienischen - Luglio
im Hebräischen - Ab
im Arabischen - Redscheb

Amalberg, Amo, Disibod,
Hermann, Kilian

An Sankt Kilian
säe Rüben und Wicken an.
Kilian, der heilige Mann,
stellt die ersten Schnitter an.

9. Juli

Tip für die Wetterbeobachtung: Morgennebel im Sommer kündigen meist ein Gewitter an.

Agilolf, Andreas,
Johannes, Luise, Maria Amandine,
Wigfrid

Ist's im Juli hell und warm,
friert's um Weihnacht reich und arm.

10. Juli

Aus der natürlichen Hausapotheke stammt dieses Rezept gegen Gicht: Eine halbe Zwiebel zerteilen und mit den Schnittstellen über die schmerzenden Körperteile reiben. Ungewaschene, schwarze Schafwolle als Bettunterlage verwenden und morgens nach dem Aufwachen die Gichtherde mit Johannisöl einreiben.

Alexander, Engelbert, Knud, Lantfrid, Olaf, Sieben Brüder

Wie es die sieben Brüder treiben,
soll es sieben Wochen bleiben.

11. Juli

Nach altem Volksglauben verstärkt sich die Wirkung bestimmter Edelsteine im Monat Juli. Die Monatssteine sind Onyx und Rubin. Der Rubin schützt Körper und Geist, während der Onyx eher negative Wirkung zeigt: Er verstärkt Sorgen, ruft böse Träume hervor und sät ganz allgemein Zwietracht. Jetzt, kurz vor der Ernte, fürchtet der Bauer nichts mehr als den Hagelschlag: Er kann die Arbeit des ganzen Jahres zunichte machen.

Benedikt von Nursia, Hildulf, Olga, Oliver, Rachel

Hagelt's im Juli und im August,
ist's aus mit des Bauern Freud' und Lust.

12. Juli

Nach dem 100jährigen Kalender läßt das Juliwetter auch schon auf das Winterwetter schließen: "Viel Rosen - scharfes Wintertosen", lautet eine alte Weisheit.

Felix, Fortunat, Hermagoras, Nabor, Placidus

Macht der Juli uns heiß,
bringt der Winter viel Eis.

13. Juli
Nach der Volksmedizin hilft eine rohe Kartoffel gegen den
Juckreiz von Insektenstichen: einfach die Stelle damit betupfen.
Auch essigsaure Tonerde lindert Schmerz und Juckreiz.

*Arn, Bertold, Heinrich II., Joel, Mildred,
Sara, Silas*

So selten wie ein Kopf ohne Nagel,
so selten ein Juli ohne Hagel.

14. Juli
Thymian kann man im Garten und auf dem Balkon ziehen. Jetzt
ist Erntezeit für dieses feine Gewürz.

Goswin, Kamillus, Markhelm, Wando

Der Juli bringt die Sichel
für den Hans und Michel.

15. Juli
Tip für die Wetterbeobachtung: Sieht der Himmel am Morgen
nach einem Regen tiefblau aus, deutet dies auch weiterhin auf
schlechtes Wetter hin.

Answer, Bonaventura,
Ceslaus, David, Donewald (Donald), Egino,
Plechelm, Wladimir

Kalter Juliregen
bringt der Rehbrunft keinen Segen.

16. Juli

Aus der natürlichen Hausapotheke kennen wir Buttermilch als
Schönheitsmittel. Wenn man seine Haut damit wäscht, wird sie
rosig und frisch, Fältchen verschwinden.

Carmen, Elvira, Irmengard, Monulf, Reinhild

Weht im Juli der Nord,
hält gutes Wetter an;
ziehen die Störche jetzt schon fort,
rückt der Winter bald heran.

17. Juli

Der 100jährige Kalender meint: Wenn große Spinnen, Würmer und
Schnecken über die Wege kriechen, dann kommt sicher Regen.

Alexius, Charlotte, Gabriele, Koloman, Livarius

Regen an Alexe
wird zur alten Hexe.

18. Juli

Jetzt im Sommer kann man viele Heilkräuter sammeln und trocknen. Blüten sammelt man nach altem Brauch morgens, sobald der Tau abgetrocknet ist. Ganze Pflanzen und Stengel am späten Vormittag, die Früchte, wenn sie sehr reif sind.

Answer, Arnold, Arnulf, Friedrich, Odilia, Thietmar,
Rapoto, Radegund

Wettert der Juli mit großem Zorn,
bringt er dafür reiferes Korn.

19. Juli

Heute ist einer der drei "verworfenen Tage" des Monats. Wenn man alte Traditionen bewahren will, sollte man an diesem Tag nicht reisen.

Bernulf, Poppo, Vinzenz

Vinzenz Sonnenschein,
füllt die Fässer mit Wein.

20. Juli

Die heilige Margarete war eine der vierzehn Nothelfer. Sie gilt als Patronin der Feldfrüchte.

Bernhard, Gepa, Léon-Ignace, Margareta, Wulmar

Margaretens Regen
bringt keinen Segen.
Hat Margaret keinen Sonnenschein,
kommt das Heu nicht trocken ein.

21. Juli

Auch Gewürzkräuter kann man jetzt sammeln und trocknen.
Aus ihnen läßt sich Kräuteressig oder Kräuteröl zubereiten.

*Arbogast, Daniel, Florentius, Laurentius von Brindisi,
Praxedis, Stilla*

Ohne Tau kein Regen
heißt's im Juli allerwegen.

22. Juli

Der Namenstag von Maria Magdalena soll immer - so meint die
Überlieferung - sehr verregnet sein. In alten Zeiten hat man die
Mondflecken als die Tränen Maria Magdalenas gedeutet. Der 22.
Juli ist außerdem ein "verworfener Tag".

Eberhard, Maria Magdalena, Verena

Magdalena weint um ihren Herrn,
drum regnet's an ihrem Tage gern.

23. Juli

Heute beginnen die Hundstage. Sie werden deshalb so genannt,
weil der Sirius, den man auch Hundsstern nennt, von heute an
bis zum 22. August gleichzeitig mit der Sonne aufgeht. Die
Hundstage sind in Mitteleuropa meist eine Zeit großer Hitze.

Apollinaris, Birgitta von Schweden, Liborius

Klar muß Apollinaris sein,
soll sich der Bauer freu'n.

24. Juli

Der heilige Christophorus gehört zu den vierzehn Nothelfern. Er
ist der Patron der Schiffer und Pilger, der Kraftfahrer und Reisen-
den, der Piloten und Eisenbahner. An seinem Gedenktag wird
an manchen Orten eine Fahrzeugweihe abgehalten - die Menschen erbitten sich damit Segen gegen die Gefahren des Straßen-
verkehrs.

*Christophorus, Christine, Gerburg, Kunigunde, Luise,
Siglind, Ursicin*

Wenn im Juli die Ameisen viel tragen,
wollen sie einen harten Winter ansagen.

25. Juli

Heute ist der Ehrentag des heiligen Jakobus. Er trat an die Stelle
einer heidnischen Ernte- und Hirtengottheit. Im alpenländischen
Raum kennt man allerlei Brauchtum, denn an diesem Tag
begann früher die Haupternte.

*Jakobus, Godhalm, Magnerich, Thea,
Thomas von Kempten*

Wenn es zu Jakobi regnet,
so regnet es den Weibern in den Backtrog.

26. Juli

Um den Jakobstag herum gibt es die ersten Äpfel - man nennt sie Jakobiäpfel. Die ersten, jetzt geernteten Kartoffeln heißen entsprechend "Jakobikartoffeln".

Anna, Joachim, Gloriosa, Ratpero

Ist Sankt Anna erst vorbei,
kommt der Morgen kühl herbei.

27. Juli

Im 100jährigen Kalender wird auf einen Zusammenhang zwischen Hundstagen und Winter hingewiesen: "Wie das Wetter, wenn der Hundsstern steht, so wird's bleiben, bis er untergeht." Und: "Hundstage heiß - Winter lange weiß".

Bertold, Glodesind, Lukan, Natalie, Pantaleon,
Waldrada

Wenn gedeihen soll der Wein,
muß der Juli trocken sein.

28. Juli

Wenn man Heil- und Gewürzkräuter sammelt, sollte man darauf achten, nur gesunde Pflanzenteile zu nehmen. Auf sauberem Papier (keine Zeitung!) ausbreiten, an einem luftigen Ort (nicht am Herd oder in der Sonne) trocknen. Der 28. Juli ist der letzte "verworfene Tag" in diesem Monat.

Wenn im Juli die Immen noch bauen,
kannst du dich nach Holz und Torf umschauen.

29. Juli

Der 100jährige Kalender weiß: Wenn die Fische springen, steht ein Gewitter bevor.

Flora, Ladislaus I., Lucilla, Martha von Bethanien, Olaf II.

Was der Juli verbricht,
rettet der September nicht.

30. Juli

Aus der Naturapotheke kommt dieses Rezept gegen Nervosität: Eine abendliche Kompresse aus in Wasser gesottenem Wermut bekämpft nervöse Störungen.

Batho, Beatrix, Faustinus, Hadebrand, Ingeborg

Hört der Juli mit Regen auf,
geht leicht ein Teil der Ernte drauf.

31. Juli

Dieser Abend vor dem ersten August galt im Mittelalter als Hexensabbat. Angeblich verspotteten die Hexen in dieser Nacht mit dem Lammas-Abend kirchliche Feste und Feiern.

Germanus, Goswin, Hermann, Ignatius von Loyola

Wenn die Schwalben Ende Juli schon ziehen,
sie vor baldiger Kälte fliehen.

AUGUST

Der August wurde früher auch Erntemond genannt. Er war der Monat, in dem die Bauern mit ihrem Gesinde die Ernte einbrachten.

1. August

Der Monat fängt gleich mit einem "verworfenen Tag" an: Nach der Überlieferung sollte man sich an solchen Tagen hüten, etwas Besonderes anzufangen. Der 1. August galt als ganz besonderer Unglückstag - an ihm sollte man weder heiraten noch Flachs raufen oder Rüben säen. Vermutlich stammt dieser Aberglaube noch aus heidnischen Zeiten: Um den 1. August herum toben oftmals heftige Gewitter, deren Ursache man darin sah, daß "die Teufel losgelassen" waren.

Alfons Maria, Caritas, Fides, Kined, Petrus Faber, Spes, Ulrich

An Petri Kettenfeier
gehen die Störche fort.

2. August

Seit dem 10. Jahrhundert kennt man Weiheformeln, mit denen

Kräuter geweiht wurden. Die meisten Kräuter reifen im August. Die Kräuterweihe ist gleichzeitig eine Huldigung der Muttergottes: In der Liturgie wird sie symbolisch als "Blume des Feldes und Lilie der Täler" bezeichnet.

Eusebius, Gundekar II., Maria

Der August
macht den Bauern lusti.

3. August

Im alten Rom war der August der Orakelgöttin Juno Augusto geweiht. Die Orakel wurden "augustae" genannt, ein "Augustus" war ein Mann, der vom Geist der Göttin erfüllt war.

Benno, Burchard, Lydia

Wenn der Kuckuck im August noch schreit,
so gibt's im Winter eine teure Zeit.

4. August

Tip für die Wetterbeobachtung: Zeigen sich auf der Straße Staubwirbel, so muß man mit Regen rechnen.

Dominikus, Johannes Maria Vianney

Hitze an Sankt Dominikus,
ein strenger Winter kommen muß.

5. August

Zu heidnischer Zeit begann der Monat August mit dem Lammas-Abend, abgeleitet vom Wort "hlaf-mass", was "Brotfest" bedeutet. Die Getreidemutter Lammas war eine der höchsten und am meisten verehrten Göttinnen der alten Zeit.

Afra, Dominika,
Mariä Schnee, Oswald, Stanislaus Hosius

Regen an Mariä Schnee
tut dem Korn tüchtig weh.

6. August

Am heutigen Fest der Verklärung Christi wurden in Rom frische Trauben und andere Erstlingsfrüchte des Feldes gesegnet. Heute noch wird dieser Brauch in der russisch-orthodoxen Kirche gepflegt. Wahrscheinlich steht dieses Fest in Zusammenhang mit einer Kirchweihe auf dem Berg Tabor, dem Berg der Verklärung.

Adelheid, Agapitus,
Dominikus, Eigil, Felizissimus, Gezelin,
Gilbert, Hermann, Schetzel

Im August vor Morgen Regen,
wird vor Mittag sich nicht legen.

7. August

So heißt der August in anderen Sprachen:
im Mittelhochdeutschen - Augustmond
im Französischen - Août
in Latein - Augustus
im Altdeutschen - Ernting
im Englischen - August
im Italienischen - Agosto

im Hebräischen - Elul
im Arabischen - Schaban

*Afra von Augsburg, Donatus, Juliana,
Kajetan, Sixtus II.*

An Sankt Afra Regen
kommt dem Bauer ungelegen.

8. August

Der alte Name für einen Seher - "augur" - bedeutet ursprünglich "Vermehrer". Das bezog sich einst auf die heidnische Muttergöttin der alten Völker. August ist davon abgeleitet.

Cyriakus, Famian, Hilger, Rathard

Der August muß Hitze haben,
sonst wird der Obstbaumsegen begraben.

9. August

Tip für die Wetterbeobachtung: Sind die Hörner des Mondes im August trübe, so kann es zu Sturm und Regen kommen.

Altmann von Paderborn, Edith, Hathumar

Augustsonne, die schon in der Frühe brennt,
nimmt nachmittags kein gutes End'.

10. August

Der heilige Laurentius gilt als Patron der Armen. Er wird bei Brandwunden, bei Fieber und Hexenschuß um Hilfe gebeten. An seinem Namenstag wurde früher mit dem Anbau der späten Feldfrüchte begonnen.

Asteria (Asta, Astrid), Laurentius, Plektrud

Sollen Trauben und Obst sich mehren,
dürften mit Laurenz die Wetter aufhören.

11. August

Um diese Jahreszeit gibt es besonders viele Sternschnuppen am nächtlichen Himmel zu sehen. Sie werden auch "Laurentiustränen" genannt.

Klara, Nikolaus von Kues, Philomena, Susanna

Nach Sankt Laurenzii
wächst das Holz nicht mehr.

12. August

Die natürliche Hausapotheke empfiehlt: Eichenrinde als Badezusatz hilft bei leichteren Ekzemen, bei chronischen Hautkrankheiten und stoppt übermäßiges Schwitzen.

Johannes, Karl, Noting von Konstanz,
Radegund

Stürmt es im August,
so gibt es weder Wein noch Most.

13. August
Der 100jährige Kalender stellt fest: Mitte des Monats August im
Jupiterjahr 1994 ist Schönwetter zu erwarten. Ab 20. August gibt
es einen Temperatursturz mit heftigen Unwettern und Überschwemmungen.

Gerold, Gertrud, Hariolf,
Hippolyt, Kassian, Ludolf, Markus, Pontianus,
Radegund, Wigbert

Wie das Wetter an Kassian,
hält es viele Tage lang.

14. August
In der Volksmedizin galt die Schafgarbe als "Bauchwehkraut".
Aus ihr bereitet man einen Sud zu, der die Verkrampfungen der
Bauchorgane lösen sollte.

Eberhard von Einsiedeln, Maximilian Kolbe,
Meinhard, Werenfrid

Je dicker die Regentropfen im August,
desto dicker der Most.

15. August
Seit 1813 wird an diesem Tag in katholischen Gegenden Maria
Himmelfahrt gefeiert. Dieser Tag ist den Heilkräutern geweiht:
Büschel aus neun verschiedenen Kräutern werden zur "Kraut-
weih" in den Gottesdienst getragen. Heute sollte man auch nach
heilenden Kräutern und Wurzeln suchen und graben - sie entfalten eine besonders heilkräftige Wirkung.

Altfrid, Assunta, Bernhard, Hyazinth,
Johann Adam, Mechthild von Magdeburg,
Stanislaus, Stephan I.

Hat unse're Frau gut Wetter,
wenn sie zum Himmel fährt,
gewiß sie guten Wein beschert.

16. August

Aus der natürlichen Hausapotheke: Eine der ältesten Heilpflanzen ist das Tausendgüldenkraut. Es hilft bei Stoffwechselerkrankungen, bei Leber- und Gallenleiden und beseitigt Darmträgheit. Ein dicker Sud aus diesem Kraut soll auch bei Hautausschlägen und Geschwüren helfen.

Christian, Leo, Rochus, Theodor

Wenn Sankt Rochus trübe schaut,
kommt die Raupe in das Kraut.

17. August

Der 100jährige Kalender stellt fest: Das Wetter um Maria Himmelfahrt entspricht in etwa dem des ganzen Herbstes. Der 17. August ist wieder einmal ein "verworfener Tag".

Guda (Jutta) von Arnstein, Jeron, Karlmann

Wenn im August viele Goldkäfer laufen,
braucht der Wirt den Wein nicht zu taufen.

18. August

Aus der Volksmedizin: Kirschen wirken blutreinigend. Süße Früchte regen die Blutbildung an, saure unterstützen Leber und Nieren.

Agapitus, Helene, Klaudia, Perfektus

Singen die Buchfinken früh vor Sonnenaufgang,
künden sie viel Regen an.

19. August

Alte Überlieferungen stellen fest, daß es zwischen dem August-wetter und dem Winter einen Zusammenhang gibt: "Macht der August uns heiß, bringt der Winter zuviel Eis."

Bertulf, Charitas, Johannes Eudes, Reginlind, Sebald

Weht im August der Wind aus Nord,
ziehen die Schwalben noch lange nicht fort.

20. August

Die besonderen Edelsteine für den Monat August sind Sarad-onyx und Karneol. Sie entfalten jetzt besondere Kräfte.

Bernhard von Clairvaux, Burchard,
Hugo von Tennenbach, Pius X., Oswin, Ronald

August ohne Feuer
macht das Brot teuer.

21. August

Dieser Tag ist ein "Schwendtag", an dem man sich im Alltagsleben besonders in acht nehmen sollte.

Adolf, Balduin, Gratia

Im August viel Höhenrauch,
folgt ein strenger Winter auch.

22. August

Aus der natürlichen Hausapotheke: Gegen leichten Sonnenbrand hilft der Saft der Aloe. Vorsicht: Bitter! Auch der 22. August ist ein "verworfener Tag" - nichts Besonderes vornehmen!

Regina, Sigfrid

Nasser August
bringt teure Kost.

23. August

Gewürzkräuter, die man nicht sofort verbraucht, sollten nicht bei nassem Wetter geerntet werden. Nach der Ernte aber sofort waschen und dann zum Trocknen auslegen. Gewürze sollten möglichst rasch trocknen, damit sie ihr Aroma behalten.

Ascelina, Richild,
Rosa von Lima, Zachäus

Wenn's regnet im August,
regnet's Honig und guten Most.

24. August

Heute enden die "Hundstage", und der Ehrentag des heiligen
Bartholomäus kündigt den Herbst an. Die Bauern hoffen, daß es
heute nicht regnet. Von diesem Tag an setzen die Wirte ihren
Gästen frischen Most vor. Einem Wirt, der sich früher nicht an
diese Regel hielt, wurde die Schankerlaubnis entzogen.

Amadeus, Ansoalda,
Bartholomäus, Karl, Rosa, Sandrad

Bartholomäus hat's Wetter parat,
für den Herbst bis zur Saat.

25. August

Der gestrige Bartholomäustag erinnert auch an die Nacht des
Jahres 1572: Damals wurden in Paris und in der französischen
Provinz weit mehr als 20.000 Hugenotten ermordet.

Christoph, Ebba, Elvira, Gregor,
Josef von Galasanza, Ludwig IX. von Frankreich,
Patricia, Wichmann

Was Juli und August nicht taten,
läßt auch der September nicht geraten.

26. August

Die Vögel sammeln sich jetzt langsam für ihren Zug nach dem sonnigen Süden. Man kann die ersten riesigen Schwärme beobachten.

Ebba, Erluin, Genesius, Gregor von Utrecht, Ludwig

Bleiben die Störche noch nach Bartholomä,
kommt ein Winter, der tut nicht weh.

27. August

Zerquetschte Spitzwegerichblätter sollte man auf Blutergüsse, Insektenstiche oder -bisse legen. Sie lindern den Schmerz und den Juckreiz.

Cäsarius, Gebhard, Guarin, Monika

Wenn's im August nicht regnet,
ist der Winter mit Schnee gesegnet.

28. August

Der 100jährige Kalender empfiehlt für die diesjährige Wintersaat: Man soll keine Schafe über die Äcker mit Winterfrucht treiben. Korn und Weizen wachsen nur sehr dünn.

Adelind von Buchan, Adeline, Augustin, Elmar

Um die Zeit von Augustin
geh'n die warmen Tage hin.

29. August

Im Jupiterjahr wächst sich auch die Herbstsaat nicht allzusehr aus, stellt der 100jährige Kalender fest. Es folgt auf jeden Fall ein rauher Frühling - deshalb nicht zu spät säen. Der 9. August ist wieder ein "Schwendtag".

*Beatrix, Bronislawa, Sabina,
Theodora*

Wenn die Ameisen sich verkriechen,
wird bald Regen vom Himmel gießen.

30. August

Heidnische Überlieferungen, die bis ins 17. Jahrhundert Gültigkeit besaßen, besagten in Irland und Schottland, daß der August ein ganz besonderer Monat war: Wer jetzt Geburtstag hatte, dem war große Anerkennung und Lob im Leben sicher.

*Adauktus, Adelphus,
Felix, Guarin, Heribert, Ingoberg, Rebekka, Riza*

Bischof Felix zeigt an,
was wir in vierzig Tag' für Wetter han.

31. August

Aus der natürlichen Hausapotheke: Wenn bei großer Hitze die Füße anschwellen, hilft es, wenn man zerquetschtes Gottesgnadenkraut auf die schmerzende Stelle bindet. Auch einfache Stuben- und Balkongeranien tun denselben Dienst.

Paulin, Raimund Nonnatus, Wala

Blühen im August die Frühlingsblumen,
bedeutet das einen gelinden Winter.

Das bäuerliche Arbeitsjahr

Naturgemäß war die Arbeit des Bauern vom Wetter und der Jahreszeiten abhängig. Noch vor knapp 100 Jahren lief Monat für Monat auf dem Lande etwa so ab:

Im Januar schafften die Männer das Holz aus dem Hochwald herunter; nur diejenigen, die fürs Vieh zuständig waren, blieben auf dem Hof. Die Mägde und die Bäuerin waren mit dem Ausbessern und Flicken der Wäsche beschäftigt; sie strickten und spannen Flachs, Werg und Wolle.

Im Februar wurde der Mais vom Kolben "gerübelt". Das Holz aus dem Hochwald mußte gehackt werden - dabei halfen auch die Frauen. Sie waren außerdem noch in der Stube beschäftigt, mit den Arbeiten bei Wäsche und Spinnerei.

Im März wurde von den Männern das Zaunholz hergerichtet. Dachschindeln wurden gemacht, Reparaturen in Scheune und Stall. Wenn bereits Tauwetter eingesetzt hatte, dann wurden in den Wiesen die Wasserabzüge "ausgeputzt". Die Frauen arbeiteten auch im März meist noch im Haus.

Im April führte man als erstes den Dünger auf Wiesen und Äcker. Dann wurde zuerst der Hafer, später dann Gerste und Kartoffeln und zuletzt der Mais angebaut. War ein regnerischer Tag, wurde auf den Wiesen der Dünger mit einer Egge in den Boden eingerieben und zerkleinert. Bei trockenem Wetter wurden die Überbleibsel dann weggeräumt. Bei all diesen Arbeiten halfen die Frauen den Männern.

Im Mai war man mit dem Maisanbau fertig. Jetzt kamen die Bohnen in den Boden, Runkel und Krautpflanzen wurden gesetzt. Frauenarbeit war es, die Äcker vom Unkraut zu reinigen. Männerarbeit war die Reparatur der Zäune, der Feld- und Bergwege. In der zweiten Monatshälfte mußten die Mais- und die Kartoffelfelder schon vom Unkraut ausgeharkt werden.

Im Juni mußte man die Maisfelder zum zweitenmal ausharken und vom Unkraut befreien. War gutes Wetter, konnte man die Maisstauden schon anhäufeln. In der zweiten Monatshälfte begann die Heuernte - dabei mußten alle helfen. Das Vieh wurde ab dem Sankt Veitstag auf die Almen getrieben.

Im Juli erntete man das Heu auf den höher gelegenen Wiesen. Den Roggen kann man ab Mitte des Monats schneiden. Dabei mußten besonders die Frauen helfen. Männerarbeit war es unterdessen, "ins Holz" zu gehen. Auch der Flachs wurde ausgezogen und getrocknet.

Im August wurden bereits am Monatsanfang Weizen, Gerste und Hafer geschnitten. Die Stoppelhalme mähte man und brachte sie in die Scheune. Dann folgte die "Brache": Die Felder wurden eine Zeitlang nicht bewirtschaftet, damit die Unkrautwurzeln und die eingefurchten Halme schneller verdorrten. In der zweiten Monatshälfte begann man mit dem Ausarbeiten des Getreides: früher durch Dreschen, Anfang dieses Jahrhunderts schon mit Maschinen.

Im September wurde das Grummet - das zweite Heu - geerntet. Der Winterroggen wurde angebaut. Von den Almen holte man das Vieh und brachte es auf die Weiden. Den Flachs breitete man zur "Röste" auf Wiesen und Stoppelfelder aus. War es ein ertragreiches Jahr, so begann jetzt für den Bauern die schönste Zeit: Alle Früchte waren geerntet; die Scheunen waren mit Futtervorräten, die Kisten mit Getreide gefüllt, und das Vieh kam gesund und gut genährt von den Almen.

Im Oktober kamen die Maisernte und das Kartoffelgraben. Der Überschuß der Ernte wurde nun verkauft - auf dem Dorfmarkt oder den Märkten der Stadt. Jetzt wurde auch der Winterweizen gesät.

Im November wurde der restliche Dünger auf die Wiesen gebracht und ausgebreitet. Die letzte Ernte waren Krautköpfe und Rüben. Die Frauen brachen den Flachs und bearbeiteten ihn. Wenn alle Feldarbeit getan war, gingen die Männer in den Wald, um Holz zu fällen, die Streu zu richten und Baumstöcke auszugraben. Die Frauen hatten wieder genug Arbeit in der Stube.

Im Dezember brachten die Mannsleut' die im Wald bereiteten Fichten- und Tannenäste sowie die Bodenstreu mit dem Wagen - oder, wenn schon Schnee lag, mit dem Schlitten - auf den Hof. Die ausgegrabenen Baumstrünke wurden gesprengt und zur Heizung der Öfen aufgehackt. Bei schlechtem Wetter gab es im Hause genug zu tun: Man hatte allerlei auszubessern, zu ordnen und nachzusehen.

SEPTEMBER

Den September nennt man auch Herbstmond. Jetzt kann man noch wunderschöne sonnige Tage erleben, obwohl es nachts schon empfindlich kühl ist. Der September wird oft mit dem Frühjahr verglichen - er ist der "Mai des Herbstes".

1. September

Heute ist der Tag des heiligen Ägisius. Er ist einer der vierzehn Nothelfer, Patron der stillenden Mütter und des Viehs. In vielen Gegenden begann man jetzt mit der Roggensaat.

Ägisius, Alois, Barbara, Bronislawa, Pelagius,
Ruth, Verena

Ist's an Sankt Ägidi rein,
wird's so bis Michaeli (29. September) sein.

2. September

Diese sonnige Jahreszeit wird im übertragenen Sinn mit der späten Liebe älterer Damen verglichen und "Altweibersommer" genannt. Deren Haare sind ja wie die Silberfäden, die bei sonnigem Herbstwetter von jungen Krabbenspinnen in die Luft geschossen werden.

Absalon, Emmerich,
Franz Urban, Ingrid, Nonnosus,
Wolfsind von Reisbach

Ziehen die wilden Gänse weg,
fällt der Altweibersommer in'n Dreck.

3. September

Um den Ägisiustag (1. September) herum beginnt die Brunftzeit
der Hirsche, in der sie um eine Hirschkuh kämpfen und der
Wald von ihren dumpfen Schreien widerhallt.

Gregor der Große, Sophie

Wie der Hirsch an Ägidi in die Brunft tritt,
so tritt er an Michaeli (29. September) wieder heraus.

4. September

Der Bauer wünscht sich im September - im Gegensatz zum Mai -
Wärme. Nur dann nämlich kann die Saat - zum Beispiel Roggen -
gut auskeimen.

Ida von Herzfeld, Iris, Irmgard von Süchteln, Rosa,
Rosalia, Remaklus, Swidbert

Durch des September heitern Blick
schaut noch einmal der Mai zurück.

5. September

Die natürliche Hausapotheke empfiehlt gegen Sommersprossen
eine Mischung aus dem Saft einer halben Zitrone, einem Teelöffel Salz, einem Eßlöffel Kölnisch Wasser und 1/4 Eiweiß. Dies
abends auftragen und über Nacht einwirken lassen.

Bertin, Herkules, Justinian,
Maria Theresia von Wüllenweber,
Roswitha von Gandersheim

Septemberanfang mit feinem Regen
kommt allzeit dem Bauern gelegen.

6. September

Nach altem Volksglauben bringt es Unglück, Salz zu verschütten. Das rührt ursprünglich von der Angst her, Blut zu vergießen. Wer eine Prise Salz über die Schulter warf, um einen Fluch abzuwenden, drückte damit symbolisch den Willen aus, alles Blutvergießen hinter sich zu lassen oder ihm den Rücken zu kehren.

Alexius, Bernhardin, Eskil von Lund,
Gundolf, Magnus (Apostel des Allgäus), Theobald, Zachäus

Ein Herbst, der hell und klar,
ist gut für das kommende Jahr.
Wie das Wetter am Magnustag,
so es vier Wochen bleiben mag.

7. September

Die Farbe Rot für die Sonn- und Feiertage in unserem Kalender stammt aus uralten Zeiten: Der festliche Todestag eines Helden wurde schon im Runenkalender unserer heidnischen Vorfahren rot gekennzeichnet. Das Christentum hat dies dann für unsere heute noch gültigen Kalender übernommen.

Adula, Dietrich I., Judith, Madelberta, Markus Stephan,
Melchior, Otto von Freising, Regina, Stephan

Ist Regina warm und wonnig,
bleibt das Wetter lange sonnig.

8. September

Heute wird der "kleine Frauentag", nämlich der Geburtstag der
Jungfrau Maria gefeiert. Ab diesem Tag verkriechen sich die
Schlangen angeblich vor der bevorstehenden Kälte. Ein alter
Brauch besagte, man müsse die letzte Garbe auf dem Feld ste-
henlassen: als Spende für die Armen und die Hirten.

Alan, Hadrian, Franz, Korbinian, Maria, Pongrácz,
Sergius I., Stephan

An Mariä Geburt fliegen die Schwalben furt.

9. September

So heißt der September in anderen Sprachen:
im Mittelhochdeutschen - Herbstmond
im Französischen - Septembre
in Latein - September
im Altdeutschen - Scheiding
im Englischen - September
im Italienischen - Settembre
im Hebräischen - Tischri
im Arabischen - Ramadan

Audomar (Otmar), Gorgonius, Orthold von Osterhofen

Regnet es am Sankt-Gorgons-Tag,
geht die Ernte verloren bis auf den Sack.

10. September

Nach dem 100jährigen Kalender ist es ein Zeichen für baldiges
Gewitter, wenn die Katzen gähnen oder das Vieh auf der Weide
Nasen und Schwänze in die Höhe streckt.

Nikolaus von Tolentino, Pulcheria, Theodard

Bleiben jetzt die Schwalben lange,
so sei vor dem Winter nicht bange.

11. September

Nach altem Volksglauben entfalten im September die Edelsteine
Saphir und Chrysolith ihre besonderen Kräfte. Der Saphir ist auch
dem Planeten Jupiter zugeordnet - er schenkt Frieden und regt das
Gute an. Der Chrysolith ist einer der Steine der Sonne; er verjagt Geister und hilft gegen Ängste.

Adelmar, Josef, Jodokus, Ludwig von Thüringen, Protus,
Willibert von Köln

Wenn's an Protus nicht näßt,
ein dürrer Herbst sich erwarten läßt.

12. September

Der 100jährige Kalender sagt für den September des Jupiterjahres 1994 trockenes, sonniges Wetter und einen farbenprächtigen Herbst voraus.

Degenhard, Gerfried, Guido, Mariä Namen,
Maximin, Silvian, Syrus

An Mariä Namen
sagt der Sommer Amen.

13. September

Nach der Volksmedizin soll es gegen einen Bienenstich helfen, die Stelle zu befeuchten und eine Prise Zucker daraufzustreuen. Das Gift wird dadurch herausgezogen.

Amatus, Johannes Chrysostomus,
Notburg von Tirol, Tobias

Wenn im September die Spinnen kriechen,
sie dann einen harten Winter riechen.

14. September

In der katholischen Kirche wird heute das Fest der Kreuzerhöhung gefeiert - für die Bauern ein wichtiger Lostag.

Ist's hell am Kreuzerhöhungstag,
so folgt ein strenger Winter nach.

15. September

Zwar wünscht sich der Bauer in dieser Zeit etwas Regen - der Winzer jedoch kann jetzt keine Regengüsse mehr brauchen, damit sein Wein gut gedeiht.

Avia, Dolores, Dolorosa, Ludmila,
Melitta (Melissa, Mela), Notburg von Hochhausen,
Oranna, Roland

Wird das Obst sehr langsam reif,
gibt's im Winter statt Eis nur Reif.

16. September
Besonders am Septemberwetter lassen sich viele Vorhersagen
für den Winter machen. Viele hängen auch mit dem Stand des
Mondes zusammen.

Cyprian, Edith, Hadwart, Julia, Kornelius, Martin I.

Wie im September tritt der Neumond ein,
so wird das Wetter den Herbst durch sein.

17. September
In der Volksmedizin hilft dieses alte Mittel gegen Halsschmerzen:
Eine geschnittene Zwiebel in der Pfanne dämpfen, dann in ein
Tuch wickeln und einige Stunden an den Hals legen.

Ariadne, Baduard, Hildegard von Bingen,
Lambert, Raso, Unni

Trocken wird das Frühjahr sein,
ist Sankt Lambert klar und rein.

182

18. September

Tip für die Wetterbeobachtung: Wenn die Wiesen nach einem Gewitter besonders stark dampfen, kommt bald das nächste Unwetter.

Richardis, Thomas, Titus

Wenn der September noch donnern kann,
so setzen die Bäume noch Blüten an.

19. September

Noch heute sind die Wochentage nach den Planetensphären benannt: Montag ist der Tag des Mondes, Dienstag der Tag Tiws (dem sächsischen Gegenstück zu Mars), Mittwoch der Tag Wodans (der dem Merkur entsprach - im Französischen mercredi noch enthalten; im Deutschen durch das neutrale Mittwoch ersetzt), Donnerstag der Tag Thors, Freitag der Tag Freyas, Samstag der Tag Saturns (vergleiche engl. saturday) und Sonntag der Tag des Sonnengottes.

Arnulf,
Bertold, Goerich, Igor, Januarius,
Luzia, Sidonia

Fällt das Laub recht bald,
wird der Herbst nicht alt.

20. September

Aus der natürlichen Hausapotheke stammt dieses Rezept gegen Zahnweh: Wenn man ein Spitzwegerichblatt kaut, schwindet der Schmerz. Oder man bereitet einen Tee aus Spitzwegerich und gurgelt damit.

Eustachius, Fausta, Warin

Septemberregen
kommt der Saat gelegen.

21. September

Im September gehen die "verworfenen Tage" an einem Stück vom 21. bis 28. - vielleicht stammt daher der Ausdruck "Matthäi am letzten sein". Heute ist der Ehrentag des heiligen Matthäus. Er ist der Patron der Finanz-, Steuer- und Zollbeamten.

Debora, Jonas, Matthäus, Maura, Wulftrud

Wenn Matthäus weint statt er lacht,
Essig aus dem Wein er macht.
Wetter, das an Matthäi klar,
bringt guten Wein im andern Jahr.

22. September

Nach dem 100jährigen Kalender kann man in diesem Jahr kaum eine gute Obsternte erwarten: Äpfel und Birnen gibt es nur wenig, ebenso kaum Nüsse, Eicheln oder Bucheckern.

Emmeram, Gunthild, Landelin von Ettenheimmünster,
Liutrud, Mauritius, Otto

Zeigt sich klar Mauritius,
viele Stürm' er bringen muß.

23. September

Nach altem Volksglauben war der Freitag ein rein weiblicher Tag. Im alten Rom war er der Venus geweiht, und ihm wohnte besonders viel Magie inne.

Basin, Gerhild von Konstanz, Linus, Liutwin,
Totrud, Thekla

Viel Eicheln im September -
viel Schnee im Dezember.

24. September

Nach einem alten Hausrezept soll es gegen Rheuma helfen, wenn man täglich ein Glas Tee aus Bohnenschalen trinkt.

Gerhard, Hermann von der Reichenau, Mercedes,
Rupert von Worms, Virgil

Sitzen die Birnen fest am Stiel,
bringt der Winter Kälte viel.

25. September

Alte Volksmagie war es, in den Feldern das Bild eines Mannes aufzustellen, der an einem Kreuz hing. Die Vogelscheuchen unserer Zeit sind ein Überbleibsel davon. Ursprünglich stellten sie den Sakralkönig dar, dessen Blut die Erde fruchtbar machen sollte.

Firmin, Gottfried, Kleophas,
Nikolaus von Flüe, Wigger

Nebelt's an Sankt Kleophas,
wird der ganze Winter naß.

26. September

Bacchus war der römische Name für den griechischen Weingott
Dionysos. Er wurde überall dort verehrt, wo man Wein anbaute.
Nach altem Glauben konnte er das Reifen der Trauben beeinflussen. Die rheinische Stadt Baccharach ist nach ihm benannt -
und bis ins 20. Jahrhundert gab es in der Mitte des Flusses auf
einer Insel einen alten Steinaltar für diesen Gott.

Damian, Eugenia, Kaspar, Kosmas

Im September viel Schleh',
im Winter viel Schnee.

27. September

Nach einem alten Hausrezept helfen Haselnüsse und Knoblauch
gegen niedrigen Blutdruck.

Dietrich I., Hiltrud von Hennegau, Kjeld, Vinzenz

September warm,
Oktober kalt.

28. September

Jetzt beginnt der Viehabtrieb in den Alpen. Für die Bergbauern
ist dies eines der wichtigsten Ereignisse im Jahr: Das Almvieh
wird "aufgekranzt" - also mit prächtigem Schmuck versehen -
und im Tal mit Böllerschüssen und Musik empfangen.

*Adelrich, Chuniald, Dietmar, Erhard, Gislar, Konrad II., Lioba,
Thekla von Kitzingen, Thiemo, Wenzel*

So viel Fröste vor Sankt Wenzeslaus fallen,
so viele werden nach Philippi (1. Mai)
und Jakobi (25. Juli) folgen.

29. September

In manchen Gegenden wird heute, am Michaelstag, ein Feuer entzündet. Es soll daran erinnern, daß nun wieder die Zeit beginnt, in
der man abends beim Licht in der Stube arbeitet. Es galt der Spruch:
"Es holt herbei Sankt Michael die Lampe wieder und das Öl". An
diesem Tag wurde an manchen Gemeinden nicht gearbeitet, und
der Bauer lud sein Gesinde zum Essen ein. Heute noch ist die
Michaelkirchweih ein beliebter Brauch.

Gabriel, Michael, Raphael

Regnet's sanft am Michaelstag,
sanft der Winter werden mag.

30. September

Aus der natürlichen Hausapotheke stammt der Hinweis, daß bei
Katarrh besonders die Blätter des Gartensalbei helfen sollen.
Wenn man mit einem Sud aus Salbei gurgelt, verschwinden Hals-
schmerzen.

Agape, Caritas, Elpis, Fides,
Hieronymus von Stridon, Leopard, Pistis, Spes,
Sophie, Urs, Viktor

Nach Septembergewittern
im Winter viel Schnee- und Kältezittern.

OKTOBER

Der Oktober wurde auch der Weinmonat genannt. Jetzt ist der Herbst da: Die Ernte ist eingebracht, man feiert Kirchweih und trinkt den neuen Wein.

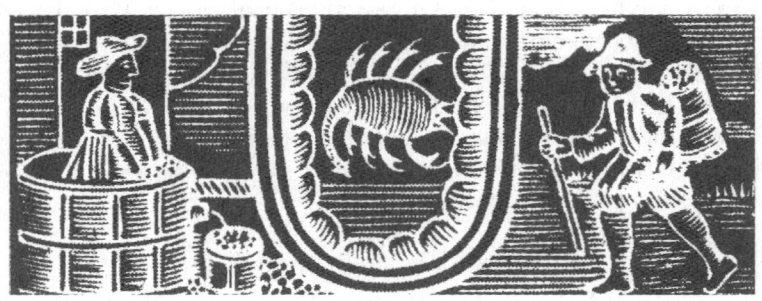

1. Oktober

Am ersten Sonntag im Oktober begeht man in den Kirchen das Erntedankfest. Das bedarf mancherorts vieler Vorbereitungen: So wird eine prachtvolle Erntekrone geflochten, in der Getreide, Obst und Gemüse nicht fehlen dürfen.

Bavo, Emanuel, Giselbert von Zusmarshausen,
Platon, Remigius, Theresia, Werner

Regen an Sankt Remigius
bringt den ganzen Monat Verdruß.

2. Oktober

In den Kirchen wird heute das Schutzengelfest gefeiert. Nach altem Volksglauben sagt ein früher Herbst einen fruchtbaren Sommer im kommenden Jahr voraus.

Beregris, Hermann, Jakob, Leodegar, Petrus, Ursicin

Laubfall an Sankt Leodegar
kündet an ein fruchtbar' Jahr.

3. Oktober

Heute ist der erste der "verworfenen Tage" im Monats. Nach altem Brauch gilt: nichts Neues beginnen, nicht auf Reisen gehen, nichts Besonderes unternehmen.

Adelgot, Ewald, Irmgard von Baindt, Lutger, Niketius

Hält der Oktober das Laub,
wirbelt zu Weihnachten Staub.

4. Oktober

Tip für die Wetterbeobachtung: Wenn die Luft sehr klar ist und man eine gute Fernsicht hat, steht Regen bevor.

*Aurea, Edwin, Edelburg, Franziskus von Assisi,
Theresia*

Wenn die Bienen zeitig verkitten,
kommt bald ein harter Winter geritten.

5. Oktober

Aus der natürlichen Hausapotheke stammt dieses Rezept zur
Blutreinigung: Tee aus je zehn Gramm Schafgarbe, Zinnkraut
und Queckenwurzel, je fünf Gramm Bärentraubenblätter, Pfefferminze, Faulbaumrinde, Brennesselkraut und Wacholder
sowie drei Gramm Sennesblättern ansetzen. Täglich eine Tasse
trinken.

Anna, Attila, Galla, Meinolf von Paderborn,
Placidus, Timerin

Siehst du fremde Wandervögel,
wird es kalt in aller Regel.

6. Oktober

So heißt der Oktober in anderen Sprachen:
im Mittelhochdeutschen - Weinmond
im Französischen - Octobre
in Latein - October
im Altdeutschen - Gibhard
im Englischen - October
im Italienischen - Ottobre
im Hebräischen - Mar-Cheschwan
im Arabischen - Schawwal
Auch der 6. Oktober ist ein "verworfener Tag".

Adalbero von Würzburg,
Bruno der Kartäuser, Renatus

Wie im Oktober die Regen hausen,
so im Dezember die Winde sausen.

7. Oktober
Der 100jährige Kalender sagt für das Jupiterjahr 1994 trockenes Wetter, viel Sonne und kaum Regen voraus.

Amalia, Georg, Gerold von Köln, Justina, Rosa

Wie der Oktober, so der März -
das bewährt sich allerwärts.

8. Oktober
In heidnischer Zeit waren es immer die Frauen, die die Zeit zur Aussaat und Ernte bestimmten. Sie erstellten Kalender, die nach Beobachtungen der Gestirne genau festlegten, welche Jahreszeit für welche Aussaat die richtige war.

Amor, Demetrius, Gunther, Pelagia, Simeon, Viktrizius

Ist der Oktober kalt,
macht er den Raupen halt.

9. Oktober

Heute ist der Ehrentag des französischen Landesheiligen St. Dionysius. Er ist einer der vierzehn Nothelfer und der Patron der Schützen.

Abraham, Arnoald, Dionysius, Emanuela
Theresia von München, Gunther, Johannes von Lucca,
Sara, Sibylle von Gages, Theofried

Regnet's an Sankt Dionys,
wird der Winter naß gewiß.

10. Oktober

Aus der natürlichen Hausapotheke: Bei Halsschmerzen kann ein Umschlag mit kalter Milch helfen.

Adalgot, Ethelburg, Gereon von Köln,
Kassius und Florentius von Bonn, Nuncius, Tuto von St.
Emmeran, Viktor von Xanten

Tummelt sich die Haselmaus,
bleibt der Winter noch lange aus.

11. Oktober

Nach altem Volksglauben sind die besonderen Edelsteine für den Oktober Opal und Aquamarin. Der Opal soll vor jedem Gift und verpesteter Luft schützen sowie Traurigkeit vertreiben. Der Aquamarin schafft Erleichterung bei Nierenschmerzen - und er macht seinen Träger glücklich und reich. Der 11. Oktober ist wieder ein "Schwendtag", für den man sich nichts Besonderes vornehmen sollte.

Brun von Köln, Ethelburg,
Jakob Griesinger, Meinhard, Quirin

Späte Rosen im Garten
lassen den Winter noch warten.

12. Oktober

Nach heidnischer Magie, die bis in unsere Zeit noch in Rußland begangen wurde, pflügte man eine Furche um Stadt oder Dorf, die Schutz vor bösen Mächten gewähren sollte und keine Dämonen in den Ort hineinließ.

Bernhard, Edistus, Edwin, Herlind, Gottfried, Jakob,
Pantalus von Augst, Otto

Im Oktober Nebel viel,
bringt im Winter der Flocken Spiel.

13. Oktober

Tip für die Wetterbeobachtung: Steigt Rauch aus einem Kamin senkrecht empor, bleibt das Wetter gut und beständig.

Andreas, Aurelia,
Belisind, Eduard, Koloman, Lubentius, Reginbald,
Sintpert von Augsburg

Oktobergewitter sagen beständig,
der kommende Winter wird wetterwendig.

14. Oktober

Die natürliche Hausapotheke empfiehlt gegen Muskelkater, Rheuma, Ischias und Hautleiden ein Bad mit Wacholderzusatz. Wer allerdings unter Nierenschmerzen leidet, sollte Wacholderbäder meiden.

Alan, Burkhard,
Fortunata, Hildegand von Münchaurach,
Kalixtus I.

Nichts kann mehr vor Raupen schützen,
als im Oktober Eis mit Pfützen.

15. Oktober

Heute ist der Ehrentag der schlesischen Fürstin Hedwig. Sie lehnte Hofleben und Reichtum ab, um sich ganz der Frömmigkeit und Nächstenliebe zu widmen.

Aurelia von St. Emmeran, Hedwig,
Theresia von Avila, Willa

Im Oktober Sturm und Wind
uns den frühen Winter künd'.

16. Oktober

Heute ist der Ehrentag des heiligen Gallus - ein wichtiger Lostag für das bäuerliche Leben: Wie das Wetter heute ist, bestimmt die nächsten Wochen und Monate.

Florentin, Gallus, Lul, Witburg

Sankt Gallen läßt den Schnee fallen,
treibt die Kuh in den Stal
und den Apfel in den Sack.

17. Oktober

Ab dem St.-Gallus-Tag wurde früher auf dem Lande geschlachtet. Nur stand der Winter endgültig vor der Türe, und man konnte sicher sein, daß das eingesalzene Fleisch sich über die kalten Monate halten würde.

Anselm von Wien,
Contardo Ferrini, Hedwig von Andechs, Heriburg,
Ignatius von Antiochien

Mit Sankt Hedwig und Sankt Gall
schweigt der Vögel Sang und Schall.

18. Oktober

Heute ist der Ehrentag des heiligen Lukas. In vielen Gegenden werden Herbstfeuer entzündet - die sogenannten Lukasfeuer.

Gwenn, Lukas, Mono

Wer an Lukas Roggen streut,
es im Jahr drauf nicht bereut.

19. Oktober

Immer auf den dritten Sonntag im Oktober fällt das Kirchweih-
fest. Früher feierte jede Gemeinde "ihre" Kirche - man einigte
sich daher auf dieses bestimmte Datum. Auf dem Land war - vor
allem in Bayern - der Kirchweihmontag der wichtigere Feiertag.
Da wurde zu Tanz und Festessen eingeladen, und die Frauen
bestimmten, mit wem sie tanzten.

Frideswida, Isaak, Jean,
Paul vom Kreuz

Bringt der Oktober viel Frost und Wind,
so sind Januar und Februar lind.

20. Oktober

Ein hoch verehrter Schutzpatron der Hirten war der heilige Wen-
delin. Vor allem bei Viehseuchen wurde er um Hilfe angefleht.
Es hieß dann: "Sankt Wendelin, verlaß uns nie, schirm unsern
Stall, schütz unser Vieh."

Jakob Franz, Johanna, Vitalis, Wendelin

Ist der Oktober freundlich und mild,
kommt der März rauh und wild.

21. Oktober

Heute ist der Tag der heiligen Ursula. Früher, in der Mitte des 18.
Jahrhunderts, begann an diesem Tag der Altweibersommer.
Heute benennen wir ganz allgemein schöne Herbsttage mit die-
sem Namen.

Hilarian, Himana von Looz,
Ursula, Wilhelma

Ursula bringt's Kraut herein,
sonst schneien Simon und Juda (28. Oktober) drein.

22. Oktober
Wer gerne trockenen Wein trinkt, erntet die Trauben Mitte Oktober. Da gilt dieser Spruch: "Galliwein - Sauerwein, Galliwein - Bauernwein!"

Blandina, Contardo, Ingbert, Kordula, Saloma

Durch Oktobermücken
laß dich nicht berücken.

23. Oktober
Die natürliche Hausapotheke empfiehlt bei Verbrennungen: Man streiche sich einen Brei aus Natron und Wasser auf die Wunde - das schafft Linderung.

*Jakobus, Johannes Kapistran, Oda, Richmund,
Severin von Köln*

Wenn's Sankt Severin gefällt,
bringt er mit die erste Kält'.

24. Oktober
Tip für die Wetterbeobachtung: Wenn morgens reichlich Tau auf den Wiesen liegt, bleibt weiterhin schönes Wetter.

Antonius Maria Claret, Evergislus

Wenn Buchenfrüchte geraten wohl,
Nuß- und Eichbaum hängen voll:
So folgt ein harter Winter drauf,
und fällt der Schnee zuhauf.

25. Oktober

Heute ist der Ehrentag des heiligen Crispin. In der heidnischen
Zeit unserer Vorfahren war dieser Tag der Feiertag der Schuma-
cher - und der Heilige gilt als Schutzpatron der Schuster.

Crispin, Chrysanth, Daria, Krispinian, Ludwig von Arnstein

Mit Crispin
sind alle Fliegen hin.

26. Oktober

Nach dem Glauben der alten Volksmedizin heißt es, daß Fieber
verschwindet, wenn man über Nacht eine Halskette aus Rettich-
scheiben trägt.

Amandus, Gerwich, Josephine, Sigebald,
Wigand, Witta

Wenn's im Oktober donnert und wetterleuchtet,
der Winter dem April mit seinen Launen gleichet.

27. Oktober

Eine alte Bauernweisheit ist es, daß ein kalter Oktober die Raupen vernichtet, die als rechte Vielfraße der künftigen Ernte schaden könnten.

Frument, Sabina, Wolfhard von Augsburg

Wenn im Oktober man abends die Schafe muß treiben,
so soll dies Regen und Schnee bedeuten.

28. Oktober
An Simon und Judas, die heute "ihren" Tag haben, ist nach altem
Bauernglauben die Grenze zum Winter da.

Alfred, Judas Thaddäus, Simon

Wenn Simon und Juda vorbei,
rücket der Winter herbei.

29. Oktober
Der 100jährige Kalender schreibt, daß mit einem besonders
fruchtbaren Jahr zu rechnen ist, wenn es regnet, während das
Gestirn der Plejaden (auch Siebengestirn genannt) am Himmel
untergeht. Dies ist immer Ende Oktober der Fall.

Ermelind, Ferrutius, Margarete, Narzissus, Sigibert

Oktober-Sonnenschein
schüttet Zucker in den Wein.

30. Oktober
Jetzt ist die Zeit der Feste vorbei - der graue Winter mit dem
November steht vor der Tür.

Bernhard, Emicho, Klaudius, Luitburg,
Thöger (Theogar, Dietger)

Fällt der erste Schnee in den Schmutz,
vor strengem Winter kündet er Schutz.

31. Oktober
Der Abend vor Allerheiligen ist Halloween. Ursprünglich leiten
sich die Bräuche vom keltischen Samhain ab, dem Fest der
Toten. Wenn eine Frau an Halloween vor einem Spiegel einen
Apfel schälte - so sagt die Tradition - konnte sie das Bild ihres
künftigen Ehemanns sehen.

Foillan, Jutta von Bedburg, Noitburg, Quintin,
Wolfgang von Regensburg

Sankt Wolfgang Regen
verspricht ein Jahr voller Segen.

Christliche und heidnische Bräuche von Neujahr bis zum Silvestertag

In vielen Sitten und Bräuchen des bäuerlichen Lebens haben sich Überlieferungen aus uralter und vorchristlicher Zeit erhalten. Das fängt schon mit dem Neujahrstag an und zieht sich bis zum Silvesterabend am Ende des Jahres hindurch. Die meisten der heidnischen Bräuche wurden vom Christentum übernommen. So mancher Heilige, auf den man sich heute beruft, war ursprünglich eine heidnische Gottheit, so mancher kirchliche Brauch hat seinen Ursprung in den Sagen, Legenden und Mythen der alten Germanen oder Kelten.

Am 1. Januar ist - neben dem Neujahrsansingen - das Neujahrsanschießen in Bayern und Österreich ein vielgeübter Brauch.

Ursprünglich jedoch wollte man mit der Schießerei die bösen Geister vertreiben. Den 1. Januar als Neujahrstag gibt es nämlich erst seit dem Jahre 1691: Papst Innozenz XII. führte ihn ein. Früher kannte man kein bestimmtes Datum, die "heilige Zeit" mit all ihren, zum Teil noch aus vorchristlicher Zeit stammenden Bräuchen begann ja schon um die Wintersonnenwende, um den 21. Dezember herum. Die Wintersonnenwende wurde überall groß gefeiert: Die alten Germanen opferten dem Ebergott als Zeichen des sterbenden alten und beginnenden neuen Jahres. Das Julschwein, das man traditionell in Skandinavien heute noch serviert, wird mit einem Apfel in der Schnauze gebraten - Äpfel galten als Zaubermittel der Auferstehung. Weihnachten mit fast all seinen Bräuchen geht auf heidnische Überlieferungen zurück: Mit Stechpalmen und Efeu, Kiefernzweigen und Lichter- bäumen, Punsch und Spanferkeln, Julscheiten, Liedern, Ge- schenken und gutem Essen wurde in den alten Zeiten nicht wegen der Geburt Christi gefeiert, sondern deshalb, weil die Sonne jetzt wieder auferstanden war.

Lichterfeste und Hirtentreffen waren auch die Vorläufer des Drei- königstages. An diesem Tag fing für die Bergbauern erst das neue Jahr an. In den Alpenländern wird der 6. Januar heute noch manchmal als das "Große" oder "Hohe Neujahr" bezeichnet. Oder man nennt diesen Tag auch "Perchtentag". Das erinnert an die mächtige heidnische Göttin Perchta, die ein mystisches Wesen mit zwei Gesichtern war: Den guten Menschen zeigte sie ihr freundliches Gesicht, bei den bösen trat sie dämonisch auf.

Der Fasching oder Karneval hat seinen Ursprung ebenfalls in heidnischem Brauchtum. Schon die alten Römer feierten zu Ehren des Gottes Saturn die Saturnalien. Sie begannen schon um die Wintersonnenwende und gingen bis in die Zeit des heutigen Karnevals hinein. Wenn am Faschingsdienstag, beim Kehraus, der Fasching symbolisch stirbt, so ist das aus den Saturnalien ent- standen: Der Mann, der bei dem römischen Fest den König spielte, wurde am Ende geopfert.

Lichtmeß, der 2. Februar, war bis vor wenigen Jahrzehnten einer der wichtigsten bäuerlichen Festtage: An diesem Tag verließen Mägde und Knechte ihren Dienst, um anderswo eine neue Arbeitsstelle anzutreten. Lichtmeß war der Zahltag fürs ganze Jahr, außer dem Lohn erhielt man in Bayern das "Ausgemachte": Schürzen und Hemden, Schuhe, Brot und Nudeln als Wegzehrung. Lichtmeß wird genau 40 Tage nach Weihnachten gefeiert und hat seinen Ursprung unter anderem in den Regeln der Juden und Christen, daß Frauen nach einer Geburt 40 Tage "gereinigt" werden mußten; denn nach alten religiösen Vorstellungen waren Frauen durch eine Geburt unrein. Auch Lichtmeß kommt aus heidnischen Zeiten: Für die Römerinnen war es das Fest, an dem Juno Februata als jungfräuliche Göttin des Mars gefeiert wurde. Es erinnerte daran, daß die Göttin vom "Fieber" (febris) der Liebe befallen wurde; die Heiden sollen an diesem Tag nach Rom gegangen sein und zu Ehren der Frau Februa Kerzen verbrannt haben. So war Lichtmeß den Frauen und der Göttin der Liebe geweiht. Bei den Kelten war es das Fest Imlog, das im heiligen Jahreskreis dem großen Lammasfest (Ende Juli) gegenüberstand. An Lichtmeß wurden Orakel für die kommende Jahreszeit befragt - vor allem Wetterorakel. Es gibt viele Wettersprüche an diesem Tag: Trockenes und schönes Wetter an Lichtmeß sollte bedeuten, daß der Winter noch bleibt; Regen an Lichtmeß dagegen besagte, der Winter ist endgültig vorbei.

Der Aschermittwoch ist von vielerlei Brauchtum begleitet: Der Beginn der Fastenzeit wird mit einer heiligen Messe in der katholischen Kirche begangen, jeder Gläubige wird heute noch an diesem Tag "eingeascherlt" - mit Asche bestreut. Traditionelle Fischessen haben sich in Stadt und Land eingebürgert. Und auch der Brauch des Geldbeutelwaschens hat sich erhalten: Er soll bewirken, daß der im Fasching so strapazierte Geldbeutel sich wieder füllt. In der "Halbzeit" zwischen Aschermittwoch und Karfreitag ist Starkbieranstich. Jede Brauerei in Bayern, die etwas auf sich hält, braut für die Fastenzeit ein ganz besonderes Bier. Und obwohl früher in den strengen Fastentagen vor Ostern jedes Fest verboten war, gab es zwei Ausnahmen: den Josefitag am 19. März, der als Namenstag des heiligen Josef viel gefeiert wurde, und den Starkbieranstich.

Die Karwoche, die mit dem Palmsonntag beginnt, ist der Höhepunkt der Fastenzeit vor Ostern. Überall begannen jetzt Fastenpredigten, Ölbergandachten und Passionsmusiken. Am Palmsonntag verkauft man auf dem Lande manchmal noch Palmsträußchen, die dann während des Gottesdienstes geweiht werden. Die Palmbuschen, die man an diesem Tage ebenfalls noch an vielen Orten sieht, gehen auf heidnisches Brauchtum zurück: auf die Lebensrute nämlich, das Symbol von unvergänglicher Lebenskraft und von Fruchtbarkeit. Die magischen Kräfte der Lebensrute und heute der Palmbuschen, die nach uralten,. überlieferten Gesetzen gebunden werden, sind vom Christentum übernommen worden: Einzelne Zweige des Palmbuschens steckt man in den Acker oder in den Herrgottswinkel daheim. Sie sollen gegen Blitzschlag helfen; geweihte Palmkatzl, die heute unter Naturschutz stehen, sind nach altem Volksglauben ein Mittel gegen Halsweh.

Ostern ist heute noch vom alten Mondkalender abhängig: Es ist ein "bewegliches" Fest und wird immer am Sonntag nach dem ersten Vollmond gefeiert, der nach Frühlingsanfang eintritt. Frühestens kann das also der 22. März sein, spätestens der 25. April. Diese Regelung macht klar, daß Ostern schon vor dem Christentum ein hoher Festtag war. Der Name Ostern kommt wohl von der angelsächsischen Göttin Eoastre oder Ostara, einer nordischen "Variante" der Astarte. Der bei den Kindern so beliebte Osterhase ist viel älter als das Christentum. Er galt in der alten Zeit als der Mondhase der Großen Göttin. In Deutschland wurden die alten Mythen um diese Göttin, die das Goldene Ei in die Sonne legte, in einem Volksbrauch wiederbelebt: Es hieß, der Hase bringe braven Kindern am Ostersamstag Eier.

Der 23. April ist der Namenstag des heiligen Georg, des Drachentöters und Viehpatrons. Die Georgiritte, die vor allem im

Voralpenland noch an vielen Orten stattfinden, sind eine Erinnerung an urzeitliche Abwehrbräuche gegen alles Dämonische. Nach alter Überlieferung dürfen nämlich am Georgitag die Hexen ihr Unwesen frei treiben; sie fügen dem Wachstum auf den Feldern großen Schaden zu. Feldumgänge, Feldbegehungen und Flurumritte - wie es eben der Georgiritt ist - sollen diesen bösen Zauber bannen. Der heilige Georg ist vom Christentum sozusagen gegen die ehedem heidnischen Frühjahrsbringer "eingesetzt" worden. Im Mittelalter ehrte man den Heiligen am Ostermontag, dem Mond-Tag, der auf den Sonnentag des christlichen Erlösers folgte. Im Volksglauben hieß der heidnische Erlöser "Grüner Georg" und verkörperte einen Frühlingsgeist.

Der letzte Abend des April, der Vorabend zum 1. Mai, ist traditionell die Walpurgisnacht. Man glaubte, in dieser Nacht würden die Hexen ihr Frühlingsfest feiern. Die alten Sachsen und die Kelten nannten diesen Tag Beltane. Man trug früher im ganzen Monat Mai grüne Gewänder, um das Kommen des Frühlings zu symbolisieren. Heute ist der 1. Mai allgemein ein Feiertag, und in vielen dörflichen Gemeinden werden Maibäume aufgestellt. Sie sind eine Überlieferung aus heidnischer Zeit und sollen - wie auch der Palmbuschen am Palmsonntag - die Lebensrute darstellen. Der Maibaum war früher das heilige Mal eines Ortes, der Rest eines segnungsreichen Begattungszaubers, der das Weiterleben der Sippe und das Wachstum und Gedeihen im Hof und auf den Feldern bewirken sollte.

Der Donnerstag war immer schon ein "Schwendtag", das heißt, ein Tag, der Unglück brachte. Er war einem mächtigen Dämon geweiht, der Blitze vom Himmel schleuderte und Donner krachen ließ. Um diesen Glauben auszumerzen, versuchten christliche Priester daher, dem Donnerstag eine neue Bedeutung zu geben: Der sechste Donnerstag nach Ostern wurde zu einem hohen Feiertag, zu Christi Himmelfahrt nämlich. Früher wurde in den Kirchen eine Christusfigur gen Himmel gezogen; war sie in der Gewölbeluke im Kirchenschiff angelangt, so prasselte ein wahrer Regen aus kleinen Kränzen, Nüssen, Blumensträußchen und Bäckereien auf die Gläubigen herunter.Auch brennendes Werg und Wasser wurde durch die Luke geworfen - sie sollten Blitz und Regen symbolisieren. Die Blumenkränzchen und -sträußchen waren sehr beliebt, nach altem Volksglauben verteilte man sie in Haus und Hof, in Stall und Scheune, weil sie gegen Blitzschlag halfen.

Das Pfingstfest ist wohl eine Erinnerung an heidnische Regenzauberfeste, an Brunnen- und Wasserkulte. Denn man glaubte, daß das Wasser an Pfingsten ganz besondere Heilkräfte besitze. Das kirchliche Fest selbst hat beim Volk bei weitem nicht so viel Anklang gefunden wie Ostern und Weihnachten; wahrscheinlich auch deshalb, weil die Botschaft des Pfingstfestes den einfachen Gläubigen nur schwer zu vermitteln war.
Auch Fronleichnam hat - wie eben alle christlichen Feste - seine heidnische Geschichte.Die prächtigen Prozessionen, die an diesem Tag heute noch in katholischen Gemeinden stattfinden,

führen auf Flurbegehungen zurück, mit denen man Dämonen und böse Geister bannen wollte.

Der Beginn des Sommers, die Sommersonnenwende, wurde früher ganz besonders gefeiert. Heute ist der Johannistag, der 24. Juni, kein besonderer Festtag mehr, obwohl in vielen Orten wieder Johannisfeuer angezündet werden. Früher haben - so sagen es uns Überlieferungen - an diesem Tag die ganzen Alpen "gebrannt", auf jedem Hügel, auf jedem Berggipfel flackerte ein Johannisfeuer. Auch dieser Brauch geht auf vorchristliche Zeiten zurück: Die Feuer sollten die Segenskraft der Sonne steigern. Am "Prangfest", wie die Sommersonnenwende auch genannt wurde, war es üblich, bei Feld- und Flurumgehungen die "Prangstangen" herumzutragen: Sie waren sechs bis acht Meter hoch und prächtig geschmückt - und natürlich ein Symbol der heidnischen Lebensrute.

Der Abend vor dem 1. August war bei den Kelten das Lammas-fest, das Fest des Brotes. Er war einer der vier Hexenfeiertage, die das Christentum ausmerzen wollte. Der "große Frauentag" im christlichen Kalender wurde das Fest Mariä Himmelfahrt; es fällt auf den 15. August. An diesem Tag werden in den Kirchen Kräuterweihen vorgenommen. Jede Gegend hatte ihre eigene Zusammenstellung der Kräuterbündel, die nach der Weihe besondere Heilkräfte entwickeln sollten.

Die Almabtriebe, die es heute noch gibt, und die ganz besonders farbenprächtig sind, beginnen ab Ende August bis Ende September.Wenn während des Sommers kein Stück Vieh erkrankt oder verunglückt ist, werden die Tiere prachtvoll geschmückt durch den Ort zu den einzelnen Gehöften geführt.
Auch die ersten Erntedankfeste beginnen im September, bis in den Oktober hinein werden sie gefeiert. Auch sie lassen sich bis in die früheste Menschheitsgeschichte zurückverfolgen: Schon immer dankten die Bauern ihren Göttern für eine erfolgreiche Ernte. Das Christentum übernahm diese Sitten und das dazu-

gehörige Brauchtum: etwa die wundervoll geschmückten Erntekronen oder die Erntetänze. Mystische Sagen aus alten Zeiten rankten sich um die Korndämonen, die angeblich mit dem Regen auf die Erde kommen. Sie nisteten sich in den Kornfeldern ein - und je nach Gegend hatten sie fruchtbare und zerstörende Eigenschaften; diese Korndämonen wollte man mit allen möglichen Bräuchen um die Erntedankzeit versöhnlich stimmen oder vertreiben.

Die Kirchweih war und ist im bäuerlichen Brauchtum immer noch ein wichtiges Fest: Gänse wurden gemästet, Kirchweihnudeln gebacken, die Tische bogen sich unter den vielen Leckereien, die man servierte. Früher feierte jede Gemeinde ihre eigene Kirchweih. Den heutigen feierlichen Kirchweihsonntag in der Mitte des Monats Oktober, an dem alle Gemeinden feiern, kennt man erst seit 1868.

Der letzte Abend im Oktober, der Abend vor Allerheiligen, ist ebenfalls aus uralten Bräuchen entstanden: Halloween leitet sich von den Kelten ab, vom Fest Samhain, dem Fest der Toten. Im alten Glauben war man der festen Überzeugung, daß an den Berührungspunkten der Jahreszeiten sich Risse um Raum-Zeitgefüge bildeten, die dann den Kontakt zwischen der Geisterwelt und der Welt der Sterblichen ermöglichten. Die Kirche übernahm zwar das Fest Allerheiligen; die Nacht vor dem 1. November jedoch galt als Hexennacht, als einer der vier großen Hexensabbate im Jahr.

Am Martinstag, dem 11.November, war auf dem Lande früher Zahltag. Das Bauernjahr war damit beendet, die Zinsen mußten bezahlt werden. Auch der Martinstag ist heidnischen Ursprungs: Er knüpft an das römische Martinaliafest an. Die Martinsgans war ein Opfer für die Götter.

Mit dem Andreastag, dem 30. November, begann ursprünglich der Weihnachtsfestkreis des Kirchenjahres. Die Adventszeit hat in allen Familien ähnliche Bräuche: Man wartet auf die Geburt Christi, man bereitet sich auf den Weihnachtsabend vor. Die ehemals heidnischen Sitten der Wintersonnenwende, die das Christfest ja abgelöst hat, sind beinahe in Vergessenheit geraten.

Vor gut 300 Jahren erschien zum erstenmal der 100jährige Kalender des Abts Mauritius Knauer. Nochmals zwei Jahrhunderte älter - aus dem Jahr 1508 - ist die "Bauern-Praktik". Sie wurde bei uns in Deutschland, aber auch in anderen europäischen Ländern eine Grundlage für die Wettervorhersage.

Die "Bauern-Praktik" bestand hauptsächlich darin, daß aus dem Wetterablauf der zwölf Tage zwischen Weihnachten und dem Heiligdreikönigstag auf die Witterung, aber auch auf die Lebensumstände und die Ernte des ganzen neuen Jahres geschlossen wurde. Jedem der zwölf Tage wurde die Witterung eines Monats zugeordnet. Auch der Wochentag, auf den der Christtag fiel, war danach von großer Bedeutung:

* Fällt der Christtag auf einen Sonntag, so folgt nach der "Bauern-Praktik" ein warmer, guter Winter. Auch das Frühjahr wird sanft und naß, der Sommer heiß, trocken und schön, der Herbst feucht und windig. Wein und Korn gibt es in solchen Jahren genügend und gut. Auch Honig gibt's genug, schmale Saat und Gartenfrüchte geraten hervorragend.

* Fällt der Christtag auf einen Montag, so wird es nach der "Bauern-Praktik" weder einen zu kalten noch zu warmen Winter geben. Der Lenz wird gut, der Sommer windig; im Herbst kann man mit viel Honig und Wein rechnen.

* Fällt der Christtag auf einen Dienstag, so muß man im Winter viel Kälte und Schnee erwarten. Das Frühjahr zeigt sich mit Wind, der Sommer wird naß, der Herbst dagegen trocken. Wein und Korn gibt es genügend, jedoch nicht im Übermaß.

* Fällt der Christtag auf einen Mittwoch, so wird der Winter wechselhaft: teils hart, teils warm. Das Frühjahr wird übles Wetter bringen, der Sommer wird gemischt und der Herbst gut werden. Für Wein und Korn gilt: Die Ernte fällt genügend und gut aus.

* Fällt der Christtag auf einen Donnerstag, so wird der Winter gut mit Regen sein. Der Lenz wird windig, der Sommer gemischt und im Herbst herrschen Regen und Kälte vor. Wein wird es mäßig geben, Honig nur wenig; Korn und Früchte dagegen genügend.
* Fällt der Christtag auf einen Freitag, so wird der Winter fest und stark. Auch das Frühjahr, der Sommer und der Herbst werden gut. Wein, Korn und Heu erntet man in solchen Jahren genügend und in guter Qualität.
* Fällt der Christtag auf einen Samstag (Sonnabend), so gibt's einen Winter mit viel Kälte und Schnee, aber auch trübe Tage mit viel Wind. Der Lenz wird "bös und windig". Einem guten Sommer folgt ein trockener Herbst. Die Ernte fällt schlecht aus - es gibt nur wenig Korn und Früchte.

Die Wunderdeutung der "Bauern-Praktik", in der die zwölf Rauhnächte die Wetterpropheten fürs ganze kommende Jahr sind, soll sich bis auf die Zeit der alten Germanen zurückführen lassen. Damals war der Ausgangstag natürlich nicht der Christtag, sondern die Wintersonnenwende. Bei allen Tagen - ob Christtag oder Wochentag - spielte die heilige Zahl Sieben eine wichtige Rolle.

Die Sieben ist eine Zahl mit großer Macht, eine magische Zahl, eine Zahl mit psychischen und mystischen Kräften. Der Ursprung dieser Kräfte liegt in der Macht des Mondes begründet, über die wir ja schon im Kapitel 5 einiges erfahren haben. Auch im 100jährigen Kalender ist die Sieben wichtig.

Der lunare Siebener-Zyklus - jede der vier Mondphasen dauert etwa sieben Tage - war nach altem Volksglauben bestimmend für das Leben auf der Erde.

Die Sumerer, die den Mondkalender "erfunden" haben, gaben der Woche auch die sieben Tage, die wir heute noch haben. Jeder siebte und letzte Tag des Mondzyklus galt als unheilbringend.

Wir kennen diese wichtige Zahl in vielen Überlieferungen und Märchen: bei den sieben Zwergen; bei den sieben Geißlein; bei den sieben mageren und sieben fetten Jahren; die Erschaffung der Welt in sieben Tagen; bei den sieben Weltwundern; bei den Sieben-Meilen-Stiefeln; das Menschenalter wird in zehnmal sieben Jahre eingeteilt; es gibt sieben Planeten, die die Geschicke des Menschen nach der Astrologie lenken; der Regenbogen hat sieben Farben; die Tonleiter besteht aus sieben Noten; das Vaterunser hat sieben Abschnitte; es gibt sieben Todsünden. Auch Krankheiten sollen in sieben Phasen verlaufen - der siebte, vierzehnte und einundzwanzigste Tag sind am gefährlichsten. Der siebte Sohn eines siebten Sohnes hat außergewöhnliche magische und psychische Kräfte. Und außerdem gilt die Sieben vielen Menschen als Glückszahl für Liebe und Geld.

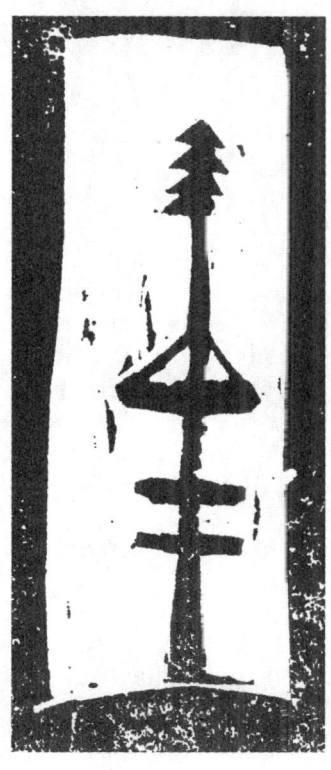

NOVEMBER

Den November nennt man auch Nebelmond. Der Himmel ist grau, die Tage werden dunkler, und das Wetter ist meist regnerisch. Im Allerseelenmonat gedenken wir der Verstorbenen.

1. November
Seit dem 9. Jahrhundert schon ist der Allerheiligentag ein bedeutender Feiertag im Kirchenjahr. Heute gedenkt man der Heiligen und Seelen. Mit dem Zwölf-Uhr-Läuten, so ein alter Volksglaube, werden die armen Seelen frei, um dorthin zurückzukehren, wo sie als Menschen einst gelebt hatten. Bis zum nächsten Tag haben sie dafür Zeit. Als "Reiseproviant" der Seelen legte man früher Brot, Wein und Bohnen auf die Gräber.

Achahild, Arthur, Audomar, Boso, Dietbirg, Guda, Harald,
Luitpold, Meimelph, Rupert, Wolfhold

Allerheiligenreif macht zur Weihnacht alles steif.

2. November
Bis zum Angelusläuten am heutigen Tag hatten nach alter Überlieferung die armen Seelen Zeit, um wieder ins Fegefeuer zurückzukehren. Der Allerseelentag erinnert an alle Verstorbenen.

Angela von Stolberg, Justus, Rathold,
Viktorin, Willibold

Wie der November wittert,
so wittert auch der Lenz.

3. November
Im Jupiterjahr 1994 kann man heute in Mitteleuropa eine totale
Sonnenfinsternis erleben.

Bertold von Engelberg,
Erich, Gottlieb, Hubert, Idda, Marian,
Martin, Silvia, Winifred

Novembers Morgenrot
mit langem Regen droht.

4. November
Die Bauern brauchen um diese Jahreszeit Niederschläge, am
besten Schnee, damit alles gut gedeiht.

Agricola, Emmerich, Gregor, Karl Borromäus, Modesta, Rehin-
hard von Siegburg

Je mehr Schnee im November fällt,
um so fruchtbringender wird das Feld.

5. November

Nach dem 100jährigen Kalender wird der November im Jupiterjahr 1994 wechselhaft und naß mit viel Nebel und Glatteis. Den ganzen Monat hindurch bleibt es schlecht.

Bernhard, Berthild, Blandine, Elisabeth,
Zacharias

Sitzt im November das Laub fest an den Ästen,
kommt bald der Winter mit strengen Frösten.

6. November

Am heutigen Leonhardi-Tag finden in vielen Orten Bayerns Umritte statt, bei denen die Pferde gesegnet werden. Besonders berühmt ist der Tölzer Leonhardi-Ritt.

Christine von Stommeln, Erlfried, Leonhard,
Protasius, Rudolf

Nach der vielen Arbeit Schwere,
an Leonhardi die Rösser ehre.

7. November

So heißt der November in anderen Sprachen:
im Mittelhochdeutschen - Wintermond
im Französischen - Novembre

in Latein - November
im Altdeutschen - Nebeling
im Englischen - November
im Italienischen - Novembre
im Hebräischen - Kislev
im Arabischen - Dhul-kade

Baldus, Engelbert von Köln,
Ernst von Steußlingen, Gertraud, Gisbert von Bebenhausen,
Karina, Malachius, Willibrord

Wenn der November regnet und frostet,
dies der Saat ihr Leben kostet.

8. November
Nach dem 100jährigen Kalender kann man auf gutes Wetter deuten, wenn es nachts im Wald kälter ist als auf freiem Feld.

Gregor von Einsiedeln, Gottfried, Johannes Duns Skotus, Martin
von Tours, Severus, Willehad

Wenn's im November donnern tut,
wird das nächste Jahr nicht gut.

9. November
Tip für die Wetterbeobachtung: Anhand von manchen Pflanzen kann man langfristig das Wetter vorhersagen. Schießt zum Beispiel neuer Saft in die Bäume, so wird es ein besonders langer Winter mit viel Regen und wenig Frost.

Erpho, Herfrid, Ragnulf, Roland, Theodor von Euchaita

Baumblüt' im November gar
noch nie ein gutes Zeichen war.

10. November

In manchen protestantischen Gegenden wird der Martinstag - der eigentlich erst morgen begangen wird - heute schon gefeiert. Der 10. November ist nämlich der Geburtstag Martin Luthers.

Eduard, Hermann,
Johannes, Justus von Canterbury, Karl Friedrich,
Leo der Große

Ist es um Martini trüb,
wird der Winter auch nicht lieb.

11. November

Mit dem Martinstag endete in Süddeutschland das Bauernjahr. Früher galt der heutige Tag als Zahltag für Knechte und Mägde, das Pachtjahr ging zu Ende, die Zinsen mußten bezahlt werden: "Sankt Martin ist ein harter Mann, für den, der nicht bezahlen kann", hieß es damals. Die Martinsgans, die bei einem Festessen verzehrt wird - heute noch - war in heidnischer Zeit ein Opfer für die Götter.

Agnes, Bruno, Mennas, Martin von Tours

Ist die Martinsgans am Brustbein braun,
wird man mehr Schnee als Kälte schau'n;
ist sie aber weiß,
so kommt weniger Schnee als Eis.

12. November

Heute ist der einzige "verworfene Tag" im November.

Adelheid, Ämilian, Arsacius,
Diego, Feregin, Josaphat, Kunibert,
Liafwin, Renatus

In des Dorfes Nähe
den Winter bringt die Krähe.

13. November
Die natürliche Hausapotheke empfiehlt gegen Entzündungen
Johanniskrautöl. Dafür setzt man die Blüten des Johanniskrautes
in kaltgepreßtem Öl an und läßt den Sud einige Zeit stehen.
Dann wird er durch ein Tuch abgegossen, und das Öl kann ver-
wendet werden.

Briccius, Didakus, Eugen,
Gerberg, Gertrud, Himer, Karl, Siard, Stanislaus Kostka,
Wilhelm von Niederaltaich

Wenn rauh des Hasen Fell,
ist der Winter bald zur Stell'.

14. November
Für diesen Monat wird dem Topas besondere Kraft nachgesagt.
Nach altem Volksglauben erfrischt der Topas die Haut durch
seine Kühle; er stillt das Blut bei Wunden, besänftigt den Zorn
und die Raserei.

Alberich, Bernhard,
Josaphat, Levinus, Richard, Sidonius,
Venerand

Läßt der November die Füchse bellen,
wird der Winter viel Schnee bestellen.

15. November
Tip für die Wetterbeobachtung: Ein Hinweis auf gutes Wetter ist
im Spätherbst mattblauer Himmel.

Albertus Magnus von Lauingen, Anianus,
Findan, Leopold III., Marinus

Der heilige Leopold
ist dem Altweibersommer hold.

16. November
Noch während der Renaissance hatte der Mond - nach heidnischer Überlieferung - eine besondere, mystische Bedeutung für
die Frauen. Es hieß sogar, wenn eine Frau etwas wolle, so solle
sie nicht zu Gott beten, sondern zum Mond. Die glückbringend-
ste Zeit war demgemäß, wenn der Vollmond am Himmel stand.

Answald, Gertrud, Margarete, Otmar, Walter

Hat der November zum Donnern Mut,
wird das nächste Jahr wohl gut.

17. November
Ein altes Hausmittel gegen kalte Füße im Bett ist eine Wärmflasche. Gibt man dem heißen Wasser Salz oder Weinessig zu,
bleibt die Wärmflasche viel länger heiß.

Edmund, Florin,
Gregor der Große, Hilda, Hiltrud, Maria Josefa, Salome,
Viktoria von Cordoba

November tritt oft hart herein,
braucht nicht viel dahinter sein.

18. November

In katholischen Gemeinden feiert man heute das Peter-Paul-Kirchfest.

Gelasius, Gerung von Roggenburg, Odo

November naß,
bringt jedem etwas.

19. November

Der Tag der heiligen Elisabeth ist für die Bauern ein wichtiger Lostag: Heute entscheidet sich nach alter Überlieferung, wie der Winter wird.

David, Elisabeth von Thüringen,
Mechthild, Pontianus, Swidger, Toto von Ottobeuren

Sankt Elisabeth sagt es an,
was der Winter für ein Mann.

20. November

Der 100jährige Kalender weist daraufhin, daß ein früher Frost im November auf einen milden und kurzen Winter schließen läßt.

Bernward, Bruno, Edemund, Felix,
Gerhard, Korbinian

Wenn der November blitzt und kracht,
im nächsten Jahr der Bauer lacht.

21. November

Ein altes Hausmittel für den Aufbau der Widerstandskräfte im Körper ist hin und wieder ein Eigelb in einem Glas Rotwein verquirlt.

Albert, Amalberg,
Columban, Johannes von Meißen, Mariä Opferung

Wenn an Mariä Opferung die Bienen fliegen,
ist das nächste Jahr ein Hungerjahr.

22. November

Nach alter Überlieferung wird Bauholz, das man im November bei abnehmendem Mond schlägt, weder faulig noch wurmig.

Ava, Cäcilia, Prokop

Wenn im November die Stern' stark leuchten,
läßt dies auf baldige Kälte deuten.

23. November

Nach alter Überlieferung darf man Petersilie niemals fortwerfen: Man läuft sonst Gefahr, die Aufmerksamkeit des Teufels auf sich zu ziehen und in seine Fallen zu tappen.

Adele, Detlev von Parkentin, Felizitas, Klemens,
Kolumban, Trudo

Dem heiligen Klemens traue nicht,
denn selten zeigt er ein mild' Gesicht.

24. November

Die natürliche Hausapotheke empfiehlt gegen Sodbrennen,
zwei rohe Äpfel zu essen.

Albert, Chrysogonus, Flora, Hitto, Modestus

Im November ist hinter jeder Staude
ein anderes Wetter.

25. November

Heute ist der Ehrentag der heiligen Katharina. Damit begann in
der katholischen Kirchengemeinde der Beginn der vorweih-
nachtlichen Zeit. Heitere Geselligkeiten mußten ab jetzt unterbleiben: "Kathrein stellt den Tanz ein," hieß ein alter Spruch.

Egbert, Elisabeth von Reute,
Katharina von Alexandrien, Margarete, Niels

Wie das Wetter zu Sankt Kathrein
wird auch der nächste Hornung sein.

26. November

Nach altem Volksglauben sind Perlen aus dem Mond und dem Wasser entstanden. Man sollte sie deshalb nur nachts tragen, da das Mondlicht ihren Glanz verstärkt, das Sonnenlicht sie dagegen verdirbt.

Albert von Oberaltaich,
Bertger, Ida, Konrad, Leonhard

Noch niemals stand ein Mühlenrad
an Konrad, weil er Wasser hat.

27. November

Der 100jährige Kalender überliefert, daß früher Frost im November meist auf einen sehr kalten und sehr langen Winter schließen läßt.

Ada, Bilhild, Günther, Gustav, Modestus, Oda, Virgilius

Friert es auf Virgilius,
im Märzen Kälte kommen muß.

28. November

Die natürliche Hausapotheke empfiehlt, den Mund bei Zahnfleischentzündungen mit warmem Salbeitee zu spülen. Das festigt außerdem das Zahnfleisch und sorgt für schöne, weiße Zähne.

Berta, Gunther, Hathumod, Rufus

Bringt der November Morgenrot,
der Aussaat viel Regen droht.

29. November

Überall sind jetzt Krähen zu beobachten. Nach alter Überlieferung bringen sie, wo sie sich auf dem Boden niederlassen, Gesundheit, Reichtum und häusliches Glück.

Franz Joseph, Friedrich, Jolanda, Jutta von Heiligenthal, Radbod, Saturnin

Novemberdonner
schafft guten Sommer.

30. November

Heute ist der Ehrentag des heiligen Andreas. In dieser Nacht - so will es die Überlieferung wissen - wurden vor allem Dämonen abgewehrt. Die Fruchtbarkeitsbräuche für den Winter begannen nämlich mit diesem Datum.

Andreas, Bernard, Emming, Folkard, Gerwald

Schau in der Andreasnacht,
was für Gesicht das Wetter macht:
So wie's ausschaut, glaub's fürwahr,
bringt's gutes oder schlechtes Jahr.

Dezember

Der Dezember hieß früher Wintermond. Auch Christmonat wurde er genannt. Im bäuerlichen Leben steht jetzt die Arbeit im Haus wieder an erster Stelle - und die Vorweihnachtszeit mit all ihren Sitten und Gebräuchen.

1. Dezember

Die Legende berichtet, daß heute der Jahrestag der Zerstörung von Sodom und Gomorrha ist. Der Aberglaube besagte deshalb, daß alles, was man an diesem Tag begann, auch beendet werden mußte.

Blanka, Charles, Edmund, Eligius, Landoald, Natalie

Fällt auf Eligius ein starker Wintertag,
die Kälte wohl vier Monat' dauern mag.

2. Dezember

Die natürliche Hausapotheke empfiehlt zur Entschlackung, Wacholderbeeren in Wein zu kochen. Diese Flüssigkeit dann in kleinen Mengen trinken - etwa zehn Tage lang. Der Körper wird von allen Giftstoffen und Verunreinigungen gesäubert.

Aurelia, Biniana, Johannes, Luzius, Wisinto

Wenn's regnet am Bibianastag,
regnet's vierzig Tag' und eine Woche danach.

3. Dezember

Ein kalter Dezember mit Schnee kommt dem Bauern gerade recht: Die Saat liegt dann unter einer Hülle, der Boden hat noch Wärme gespeichert - sie kann nicht gefrieren.

Attala, Emma, Franz Xaver,
Gerlind, Johann Nepumuk, Modestus, Sola

Die Erde muß ihr Bettuch haben,
soll sie der Winterschlummer laben.

4. Dezember

Heute ist das Fest der heiligen Barbara. Sie ist die Patronin der Bergleute und gehört zu den vierzehn Nothelfern. Als sicheres Liebesorakel gilt es, wenn heute abgeschnittene Zweige von Obstbäumen an Weihnachten blühen. Sie verheißen dann auch - nach anderer Überlieferung - ein segensreiches Jahr.

Adolf, Anno, Barbara, Christian,
Johannes von Damaskus, Osmund

Geht Barbara im Klee,
kommt das Christkind im Schnee.

5. Dezember

Den Adventskranz in seiner heutigen Form gibt es erst seit dem Ersten Weltkrieg. Nach alter Überlieferung hat man zwar schon früher grüne und geflochtene Kränze als "Ringzauber" gegen alles

Unheil verwendet. Doch erst vor etwa 150 Jahren fing man an, in der Adventszeit Kerzenandachten abzuhalten. Jeden Abend wurden dabei mehr Kerzen angezündet - bis zur Christnacht.

Abigail, Gerald, Hartwich, Niels, Reginhard, Sabbas

So kalt wie im Dezember,
so heiß wird's im Juni.

6. Dezember

Heute hat der heilige Nikolaus seinen Ehrentag. Er ist der Schutzherr der Kinder und wird seit etwa 1000 Jahren hoch verehrt. Das Brauchtum zu diesem Tage ist sehr unterschiedlich: Manchmal wird der Heilige vom Knecht Ruprecht begleitet, manchmal sogar vom "Nikoloweiberl". Sie stammen wohl noch aus heidnischer Zeit.

Albin, Dionysia, Henrika, Nikolaus

Regnet es an Nikolaus,
wird der Winter streng und graus.

7. Dezember

Nach dem 100jährigen Kalender wird das Wetter im Jupiterjahr 1994 im Dezember schön: Zunächst Schnee, dann scheint für zwei Wochen die Sonne.

Agathon, Ambrosius, Gerhald, Sigtrud

Ist Ambrosius schön und rein,
wird Sankt Florian (4. Mai) ein wilder sein.

8. Dezember

Heute feiert die katholische Kirche das Fest von Mariä Empfängnis.

Alfrida, Conception, Edith, Immaculata,
Konstantin, Sabina

Ein dunkler Dezember deutet auf ein gutes Jahr,
ein nasser macht es unfruchtbar.

9. Dezember

So heißt der Dezember in anderen Sprachen:
im Mittelhochdeutschen - Christmond
im Französischen - Décembre
in Latein - December
im Altdeutschen - Julmond
im Englischen - December
im Italienischen - Dicembre
im Hebräischen - Tebet
im Arabischen - Dhulhiddsche

Eucharius, Leokadia, Liborius,
Petrus Fourier, Valeria

Donnert's im Dezember gar,
kommt viel Wind das nächste Jahr.

10. Dezember

Tip für die Wetterbeobachtung: Wenn an Vollmond Nordwind weht, kommt meist ein langanhaltender Frost.

Angelina, Anton, Bruno, Herbert, Imma, Judith, Tethard, Witgar

Fließt im Dezember noch der Birken Saft,
dann kriegt der Winter keine Kraft.

11. Dezember

Nach altem Volksglauben hatten im Dezember die Edelsteine Türkis und Rubin besondere Kräfte. Dem Rubin (oder Karfunkelstein) wird große Wirkung auf das Blut nachgesagt. Der Türkis liefert magische Eigenschaften.

Arthur, Damasus, David, Ida, Tassilo III.

Je näher die Hasen dem Dorfe rücken,
desto ärger sind des Winters Tücken.
Sind die Drosseln noch da,
ist er noch nicht so nah.

12. Dezember

Ein altes Hausmittel ist Gurkensaft: Er kann innerlich und äußerlich angewendet werden und hilft bei Ekzemen, rotem Gesicht, Nervosität und Frostbeulen.

Dietrich, Epimachus, Hartmann von Brixen, Johanna Franziska, Maxentius, Vizelin

Dezember veränderlich und lind,
ist der ganze Winter ein Kind.

13. Dezember

Bis 1582, als der Gregorianische Kalender eingeführt wurde, war
der Tag der heiligen Luzia der kürzeste Tag im Jahr. Die Heilige
wurde ebenfalls vom Christentum "übernommen": Ursprünglich
war die Juno Lucino eine römische Göttin mit großer Macht. Sie
schenkte den Menschen das Licht, die Erleuchtung und die Sehkraft und öffnete neugeborenen Kindern die Augen.

Benno, Emo, Jodok (Josi), Luzia, Ottilia

Sankt Luzia kürzt den Tag,
so viel sie ihn kürzen mag.

14. Dezember

Die natürliche Hausapotheke empfiehlt gegen Schnupfen: Zitro-
nensaft in die hohle Hand gießen und zwei- bis dreimal täglich
mit der Nase aufsaugen.

Bertold von Regensburg, Franziska, Johannes vom Kreuz,
Nikasius, Spiridon

Wenn's jetzt nicht wintert.
sommert's auch nicht.

15. Dezember

Der 100jährige Kalender deutet einen klaren, roten Sonnenuntergang als Anzeichen für gutes Wetter.

Cälian, Christiane (Nina), Ignaz, Wunibald

Viel Wind und Nebel an Dezembertagen,
schlechten Frühling und schlechtes Jahr ansagen.

16. Dezember

Das christliche Weihnachtsfest hat viele heidnische Bräuche übernommen. Im alten Rom wurden um diese Zeit die Saturnalien zu Ehren des Gottes Saturn begangen: Er galt als die negative Seite der Sonne. Doch im tiefen Winter war er versöhnlich gestimmt und ermöglichte so die Wiederkunft des Frühlings.

Ado, Adelheid, Albine, Dietrich, Eusebius,
Rainald, Tanko

Wie der Dezember pfeift,
so tanzt der Juni.

17. Dezember

Die alten Germanen kannten den Ebergott, der um die Zeit der Mittwinternacht geopfert wurde. Das Tieropfer trug einen Apfel in der Schnauze - Symbol für ein Zaubermittel zur Auferstehung.

Jolanda. Lazarus, Viviana

Ist Sankt Lazar nackt und bar,
gibt's ein schönes neues Jahr.

18. Dezember

Laut 100jährigem Kalender deutet ein milchig-gelber Sonnenuntergang auf schlechtes Wetter hin.

Desideratus, Gratianus, Philipp, Wunibald

Wenn die Füchse bellen und die Wölfe heulen,
wird die Kälte noch lange weilen.

19. Dezember

Nach altem Volksglauben konnte man aus Salz die Zukunft ersehen:
An einem Weihnachtsvorabend mußte man einen kleinen Hau-
fen auf einen Teller geben. Wenn sich in der Nacht kaum etwas
bewegt, wird das Jahr günstig. Im anderen Fall läuft man Gefahr,
Ärger mit der Gesundheit zu bekommen.

*Abraham, Fridbert, Konrad von Liechtenau,
Nemesius, Urban*

Im Dezember sollen Eisblumen blüh'n,
Weihnachten sei nur auf dem Tische grün.

20. Dezember

Aus der natürlichen Hausapotheke stammt dieses Mittel gegen
Asthma:
Dreimal täglich einen Teelöffel mit einer Mischung aus drei Teilen geriebenem Meerrettich und einem Teil Bienenhonig zu sich
nehmen.

Amon, Christian, Eido, Heinrich, Hoger,
Liberatus, Regina, Vitus

Sturm im Dezember und Schnee, schreit der Bauer juchhe!

21. Dezember

Heute ist Wintersonnwend, Winteranfang und der kürzeste Tag des Jahres. Die Sonne hat ihren niedrigsten Stand erreicht. Mit diesem Tag beginnt die geheimnisvollste Zeit des Jahres. Allerlei heidnisches Brauchtum hat sich bis heute erhalten. Ob Stechpalmenzweige oder Misteln, ob Lichterbäume oder Punsch, ob Lieder oder Geschenke - vieles hat seinen Ursprung im skandinavischen Julfest.

Bezala, Hagar, Richard, Peter, Thomas

Wenn Sankt Thomas dunkel war,
gibt's ein schönes neues Jahr.

22. Dezember

Heute - für manche auch schon am gestrigen Thomastag - beginnen die zwölf Rauhnächte. Zwischen Weihnachten und Dreikönig war die "wilde Jagd" unterwegs. Die Bauern bannten die Dämonen mit Weihrauch. Die Bäuerinnen backten kein Brot, sie wuschen und spannen nicht, um die Geister nicht zu verärgern. Manchmal stellte man sogar Speisen vor die Türe, um die dunklen Mächte gewogen zu stimmen.

Bertheid, Demetrius, Jutta von Sponheim, Marian

Friert's am kürzesten Tag,
so wird das Korn billig;
ist es gelinde,
so steigt es im Preis.

23. Dezember

Aus der natürlichen Hausapotheke stammt ein Rezept gegen Magenverstimmungen: Ein mit Arrak getränktes Blatt Papier, auf die Magengrube gelegt, mildert Völlegefühl.

Agnes, Dagobert II., Gaubald,
Gregor, Hartmann, Ivo, Johannes von Krakau,
Thorlak, Viktoria

Vor Weihnacht viel Wasser,
nach Johanni (24. Juni) kein Brot.

24. Dezember

Im Mittelhochdeutschen hieß "zu den heiligen Nächten" - "zeden wihen nahten" - und daraus entstand wahrscheinlich unser heutiges Wort Weihnachten. Das Datum hat seinen Ursprung in uralten Sitten und Gebräuchen: Fast alle Völker feierten um diese Zeit herum ihre Götter oder die Wintersonnenwende.

Adam und Eva,
Adela, Christoph, Erkenbert,
Irmina

Wie's Adam und Eva spend't,
bleibt das Wetter bis zum End'.

25. Dezember

Bis zum Jahre 375 weigerten sich die östlichen Kirchen, die Geburt Christi am 25. Dezember zu feiern. Auch die römische Kirche hatte diesen Tag erst zu Beginn des vierten Jahrhunderts angenommen.

Anastasia, Eugenia, Theresia

Ist am Abend die Christnacht klar,
ohne Regen, nimm es wahr,
ob die Sonne des Morgens hat ihren Schein,
das nächste Jahr wird werden viel Wein.

26. Dezember

Heute ist der Ehrentag des Erzmärtyrers Stephan. Schon seit dem fünften Jahrhundert wird er gefeiert. Der heilige Stephan gilt als Vorbild für Feindesliebe. Er wurde gesteinigt. In manchen Orten werden zu Ehren des heiligen Stephan deshalb Honigkuchen-Pflastersteine gebacken.

Dionysius, Richlind, Stephan,

Windstill muß Sankt Stephan sein,
soll der nächste Wein gedeih'n.

27. Dezember

Am Ehrtentag des heiligen Johannes, des Lieblingsjüngers Jesu Christi, hat früher das Gesinde auf dem Bauernhof die Stellung gewechselt. Mit einem Tanzabend verabschiedete man sich.

Ezzo, Fabiola, Johannes, Rudger, Walto

Hängt um Weihnacht Eis von den Weiden,
kannst du zu Ostern Palmen schneiden.

28. Dezember

Am heutigen "Tag der unschudigen Kinder" soll König Herodes
befohlen haben, alle Buben unter zwei Jahren in Bethlehem zu
töten. Denn er hatte von den drei Weisen aus dem Morgenlande
die Kunde erhalten, daß dort der König der Juden geboren sei.

Franz, Hermann

Je dicker das Eis um Weihnacht liegt,
je zeitiger der Bauer Frühling kriegt.

29. Dezember

Nach alten Überlieferungen soll man Bauholz in den letzten
Tagen des Jahres schlagen - dann wird es weder wurmig sein
noch faulen.

David, Egwin, Isai, Jonathan,
Lothar, Tamara

Wie sich die Witterung vom Christtag bis
Heiligdreikönig hält,
so ist das ganze Jahr bestellt.

30. Dezember
Nach altem Volksglauben gehen alle Träume in Erfüllung, die
man in den zwölf Rauhnächten träumt.

Felix I., German, Richard, Sabinus

Wind vor Silvesters Nacht,
hat nie Wein und Korn gebracht.

31. Dezember
An diesem Tag starb im Jahre 335 Papst Silvester. Während seiner
Herrrschaft wurde die Peterskirche in Rom gebaut. Ihm zu Ehren
hat man den letzten Tag des Jahres benannt. Die Legende verbin-
det seinen Tag außerdem mit der Taufe Kaiser Konstantins, der
lange Zeit die Christen verfolgt hatte. Am Silvestertag gibt es
natürlich ebenfalls viele Bräuche, die mit dem Ende und Beginn
des Jahres zusammenhängen: Zum Beispiel soll man mittags eine
Erbsensuppe essen - sie bringt Reichtum im neuen Jahr.

Apollonia, Balduin, Gunther,
Gottlob, Katharina, Kolumba, Luitfrid von St. Blasien,
Maro, Melanie, Silvester

Silvesterwind und warme Sunn',
wirft jede Hoffnung in den Brunn'.

Die wichtigsten Heilkräuter und Gewürze

Früher war es auf allen großen Bauernhöfen üblich, daß die Bäuerin einen Heilkräuter- und Gewürzgarten hatte. Man lief ja nicht wegen jeder Krankheit gleich zum Arzt oder Dorfbader, sondern kannte sich in der Naturheilkunde zumindest soweit aus, daß man kleinere Beschwerden selbst heilen konnte.

Gewürze gab es nicht abgepackt zu kaufen: Jede Bäuerin war stolz darauf, daß in ihrem Garten die wichtigsten Gewürze gediehen. Man legte Kräuter in Essig oder Öl ein, damit sie ihre Heilkräfte und Aromastoffe bewahrten und man sie auch im Winter zur Verfügung hatte. Manche Kräuter eignen sich auch dazu, auf der Fensterbank gezogen zu werden: So hat man das ganze Jahr über frische Kräuter zur Verfügung.

Sammeln und aufbewahren von Kräutern

Für das Sammeln von Heilkräutern gibt es Regeln, die man einhalten sollte:

*Heilpflanzen sollte man nicht auf kunst- oder frischgedüngten Wiesen und nicht neben Straßen sammeln. Die Pflanzen nehmen nämlich die Abgase auf.

*Man sollte nur an sonnigen Tagen ernten: Blüten am Vormittag, sobald der Tau abgetrocknet ist; ganze Pflanzen und Blätter am späten Vormittag;
Früchte, wenn sie sehr reif sind.

*Wurzeln sollen im Frühjahr oder im Herbst gestochen werden - da enthalten sie die meisten Heilkräfte.

*Trocknen darf man nur gesunde Pflanzenteile.

*Man breitet die Heilpflanzen auf einem Stück sauberen Papier (keine Zeitung, wegen der Druckerschwärze!) aus.

*Man trocknet Heilpflanzen an einem schattigen Ort, wo viel Luft hinkommt - nicht in der Sonne, nicht am Ofen, nicht am Herd!

*Beeren und andere Früchte kann man bei geringer Wärme (höchstens 50 Grad) im Backrohr nachtrocknen.

*Wurzeln werden nach der Ernte sauber gewaschen, in kleine Stücke geschnitten und an der Sonne getrocknet. Man kann sie ebenfalls im Backrohr schonend bei 50 Grad nachtrocknen.

*Die getrockneten Pflanzen werden in gut verschließbaren und geruchsfreien Gefäßen aufbewahrt. Die Pflanzen dürfen auf keinen Fall irgendwelche Feuchtigkeit enthalten, sonst schimmeln sie.

* Heilpflanzen wendet man meist als Tee oder alkoholischen Auszug an.

* Pro Tasse verwendet man einen halben, höchstens einen ganzen Kaffeelöffel Pflanzenteile (für Erwachsene; Kinder entsprechend weniger).

* Blätter und Blüten werden mit kochendem Wasser übergossen, danach ziehen lassen.

* Früchte und Rinden gibt man ins kochende Wasser, läßt aufwallen und dann etwa zehn Minuten ziehen.

* Wurzeln setzt man in kaltem Wasser zu, bringt es zum Kochen und läßt sie dann etwa zehn Minuten schwach köcheln.

* Einzige Ausnahme ist die Eibischwurzel: Sie darf nur in kaltem Wasser angesetzt werden und muß zunächst einige Stunden ohne Erhitzen quellen.

Gegen jede Krankheit ist ein Kraut gewachsen

Was hilft bei welchen Beschwerden?

Gegen Appetitlosigkeit:
Bibernelle, Isländisch Moos, Meisterwurz, Wermut

Gegen Arterienverkalkung:
Knoblauch

Gegen Asthma:
Spitzwegerich

Für die Augen:
Kamille

Gegen Blähungen:
Anis, Fenchel

Gegen Blasenkatarrh:
Bärentraube, Hauhechel

Gegen hohen Blutdruck:
Knoblauch, Mistel, Weißdorn

Bei Blutergüssen:
Arnika

Bei Darminfektionen:
Kamille, Knoblauch, Pfefferminze,
Thymian

Bei Darmkatarrh:
Himbeere, Odermenig

Bei Darmkoliken:
Fenchel, Gänsefingerkraut, Kamille, Pfefferminze

Bei Darmschleimhautentzündungen:
Kamille, Lein, Pfefferminze

Zur Desinfektion von Wunden:
Arnika

Bei Durchfall:
Heidelbeere, Himbeere

Bei Furunkeln:
Kamille

Bei Gallenbeschwerden:
Lavendel, Löwenzahn, Pfefferminze,
Rettich

Bei Grippe:
Hagebutte, Lindenblüte,
Schwarzer Holunder

Bei Geschwüren:
Schachtelhalm

Bei Halsschmerzen:
Bibernelle, Eibisch, Himbeere,
Huflattich, Salbei

Bei Hautausschlag:
Brennessel, Kamille, Käsepappel,
Schachtelhalm

Bei Heiserkeit:
Eibisch, Himbeere, Isländisch Moos

Bei Herzbeschwerden:
Rosmarin, Weißdorn

Bei Husten:
Eibisch, Huflattich, Isländisch Moos,
Königskerze, Rettich,Schlüsselblume,
Spitzwegerich, Thymian

Bei Kreislaufstörungen:
Weißdorn

Bei Leberleiden:
Odermenig

Bei Magenbeschwerden:
Isländisch Moos, Kamille, Pfefferminze,
Eibisch, Odermenig

Bei Milchmangel:
Anis, Fenchel

Bei Milchüberfluß:
Salbei

Bei Mundschleimhautentzündung:
Kamille, Salbei

Gegen Nervosität:
Baldrian, Fenchel, Hopfen, Lavendel, Melisse

Gegen Nierengries:
Hauhechel, Heckenrose

Gegen Rachenkatarrh:
Bibernelle, Eibisch, Huflattich,
Schwarzer Holunder

Bei Regelbeschwerden:
Gänsefingerkraut

Bei Rheuma:
Lavendel, Löwenzahn, Rosmarin

Gegen übermäßiges Schwitzen:
Salbei

Bei Stoffwechselstörungen:
Brennessel

Bei Schlaflosigkeit
Baldrian

Bei Verdauungsstörungen:
Kamille, Pfefferminze, Wermut

Bei Verkühlungen:
Königskerze, Lindenblüte,
Schwarzer Holunder

Bei Verschleimungen:
Königskerze, Schlüsselblume

Bei Verstauchungen:
Arnika, Lavendel

Gegen Verstopfungen:
Lein, Schwarzer Holunder

Bei Zahnfleischbluten:
Kamille

Der richtige Erntezeitpunkt

* Anis wird im Garten gezogen, an einem sonnigen Platz. Die Früchte werden nach der Reife gesammelt und getrocknet.

* Arnika wächst auf feuchten Almwiesen; die gelben Blütenköpfe setzt man in Alkohol an (zehn Gramm Blüten auf 100 Gramm starken Schnaps): zwei bis drei Wochen stehenlassen, dann hat man Arnikatinktur.

* Bärentraube kommt im Gebirge vor. Die Blätter sammelt man von Mai bis Juli.

* Baldrian kann man wild auf Wiesen finden, aber auch im Garten ziehen. Gesammelt wird der Wurzelstock im zweiten Jahr.

* Brennesseln gibt's überall. Die Blätter werden von Juni bis September gesammelt.

* Bibernelle wächst auf Magerwiesen und an Bachufern. Man sticht die Wurzel im März und April.

* Hopfen gedeiht an feuchten Orten. Gesammelt werden die "Zapfen" im September.

* Birken findet man in feuchten Gebieten. Gesammelt werden im Frühjahr die Blätter.

* Eibisch kann man im Garten setzen. Die Wurzeln werden im Frühjahr oder Herbst gestochen, die Blätter vor der Blütezeit gesammelt.

* Fenchel gedeiht in sonnigen Gärten. Geerntet wird die reife Frucht im September bis Oktober.

* Gänsefingerkraut findet man an Wegrändern und auf Wiesen. Gesammelt wird das blühende Kraut zwischen Mai und September.

* Hauhechel wächst an steinigen, trockenen Plätzen. Man verwendet die Wurzel (im März/April oder im September/Oktober) und das blühende Kraut von Mai bis September.

* Heckenrose (Hagebutte) gedeiht an Zäunen und Waldrändern. Es werden im Herbst die Früchte gesammelt.

* Heidelbeeren findet man im Wald. Man sammelt die Früchte.

* Himbeeren gedeihen im Wald, aber auch im Garten. Die Blätter werden von Mai bis Juni gesammelt und ergeben einen gesunden Tee.

* Isländisch Moos findet man in den Alpen (bis 2000 Meter Höhe). Es ist eine Flechte, die man vom Sommer bis zum Wintereinbruch sammelt.

* Huflattich wächst an Wegen und auf Schuttplätzen. Gesammelt werden die Blätter von April bis Juni.

* Kamille gibt's in vielen Gärten. Gesammelt werden die Blütenköpfe in voller Blüte.

* Käsepappel wächst an Wegrändern, Schutthalden und Zäunen. Gesammelt werden die hellgrünen Blätter im Juni bis August, die Blüten während der Blütezeit.

* Knoblauch ist Gewürz und Heilpflanze zugleich. Verwendet werden die Knoblauchzehen.

* Königskerzen finden sich an Wegrändern und Bahndämmen. Die Blüten werden von Juli bis September gesammelt und schnell, aber vorsichtig getrocknet: Sie müssen gelb sein, braun sind sie wirkungslos.

* Lavendel gedeiht in sonnigen Gärten, man sammelt die Blüten.

* Lein wurde früher überall angebaut; heute kaum mehr. Heilmittel sind die Samen.

* Lindenblüten gibt's im Juni und Juli fast überall.

* Löwenzahn ist überall zu finden. Gesammelt werden die Wurzeln im September und Oktober.

* Meisterwurz wächst auf Gebirgswiesen; man sticht die Wurzel im März und April oder September/Oktober.

* Melisse wächst in sonnigen Gärten. Man verwendet die Blätter und sammelt diese von Juni bis August.

* Misteln sammelt man von Oktober bis Februar.

* Odermenig wächst an sonnigen Hängen. Das blühende Kraut wird von Juni bis August gesammelt.

* Pfefferminze findet man bei uns nur im Garten. Die Blätter "erntet" man im Juni.

* Salbei gedeiht in sonnigen Gärten. Die Blätter sammelt man im Mai oder Juni.

* Schachtelhalm wächst auf lehmigen Böden und an Waldrändern. Die grünen Sommertriebe von Juni bis Juli werden gesammelt.

* Schlüsselblumen stehen unter Naturschutz. Dennoch: Die Wurzel sticht man im März oder April.

* Schwarzer Holunder wächst auf vielen Bauernhöfen. Man sammelt die Blüten und die Früchte.

* Schwarzer Rettich heißt auch "Winterrettich". Sein Saft ist heilsam.

* Spitzwegerich wächst auf allen Feldwegen. Die Blätter werden gesammelt, bevor die Pflanze Samen trägt.

* Thymian wird nur in Gärten gezogen. Die Blätter und Blüten sammelt man im Juni und Juli.

* Wermut gedeiht in sonnigen Gärten. Man sammelt die Blütenstände im August.

* Weißdorn wächst wild an Waldrändern und an Lichtungen, aber auch im Garten. Gesammelt werden Blüten und Blätter im Juni.

Was man über Gewürzkräuter wissen sollte

Auch für die Ernte der Gewürzkräuter gibt es Regeln, die man unbedingt beachten muß:

* Gewürz- und Heilkräuter soll man nicht bei nassem Wetter pflücken, vor allem dann nicht, wenn man sie nicht sofort verbraucht.

* Nach der Ernte werden Kräuter nur kurz mit kaltem Wasser gewaschen und dann zum Trocknen ausgelegt.

* Die Kräuter sollen möglichst rasch trocknen, damit möglichst viel Aroma erhalten bleibt.

* Früher gab es keine Tiefkühltruhe, um Kräuter und Gewürze einzufrieren. Heutezutage sollte man aber diese Art der Haltbarmachung nutzen - sie ist die schonendste: Die Kräuter werden nach der Ernte gründlich, aber kurz gewaschen. Dann läßt man sie abtropfen und friert sie sofort ein.

* Eine andere Methode der Haltbarmachung ist das Einsalzen. Die frischen Kräuter werden gut gewaschen und kleingeschnitten. Die zerkleinerten Gewürze kommen dann lagenweise mit Kochsalz in die Gläser. Man rechnet 250 Gramm Kochsalz für ein Kilo Kräuter. Die so haltbar gemachten Kräuter kann man natürlich nur in pikanten Speisen verwenden.

* In Essig legt man Kräuter so ein: Die frischen Gewürzkräuter waschen und durch den Fleischwolf drehen (oder fein hacken). Die zerkleinerte Kräutermasse kommt dann in ein Glas und wird eingedrückt. Guten Weinessig darübergießen, bis er etwa ein Fingerbreit über den Kräutern steht.

* In Öl kann man Kräuter ebenfalls haltbar machen: Die Gewürzkräuter werden gewaschen und ebenfalls durch den Fleisch-

wolf gedreht. Die Masse dann in Gläser füllen, gut eindrücken und soviel Olivenöl zugeben, daß es über den Kräutern steht.

* Nach altem Bauernglauben muß man mindestens drei verschiedene, aber nicht mehr als neun Kräuter miteinander vermischen.

* Mit den Speisen kochen darf nur Bohnenkraut, Liebstöckel und Koriander; alle anderen Gewürze werden den fertigen Speisen zugesetzt und dürfen nur "mitziehen".

Kräuter und Gewürze in der Küche

Beim Backen verwendet man: Anis, Fenchel, Koriander, Kümmel

Beim Braten braucht man: Basilikum, Beifuß, Bohnenkraut, Estragon, Liebstöckel, Majoran, Petersilie, Thymian

Zu Fisch paßt: Basilikum, Bohnenkraut, Dill, Liebstöckel, Rosmarin, Salbei, Sellerie

Zu Geflügel schmeckt: Basilikum, Beifuß, Bohnenkraut, Majoran, Rosmarin, Thymian

Zu Gemüse nimmt man: Anis, Basilikum, Bohnenkraut, Majoran, Petersilie, Salbei, Schnittlauch

Zu Käse schmeckt: Estragon, Kümmel, Rosmarin, Salbei, Schnittlauch, Sellerie

An Salate gibt man: Basilikum, Bohnenkraut, Borretsch, Dill, Estragon, Petersilie, Schnittlauch, Thymian

Schlachtgewürze sind bei Würsten Thymian, Majoran, Knoblauch und bei Bratwurst Majoran und Thymian.

Saucen verfeinert man mit Basilikum, Bohnenkraut, Liebstöckel, Majoran

In Suppen gibt man Basilikum, Bohnenkraut, Dill, Kerbel, Liebstöckel, Petersilienwurzel, Sellerie

Zu Wild paßt: Basilikum, Bohnenkraut, Koriander, Liebstöckel, Lorbeer, Majoran, Rosmarin und Thymian sowie Wacholderbeeren.

* Anis ist eine einjährige Pflanze, die man Anfang Mai aussät. Geerntet werden die Samen - für Kuchen, Kekse, Brot und süße Aufläufe.

* Basilikum ist eine einjährige Pflanze, die man heute fast überall kaufen kann. Gesammelt wird das Kraut. Es schmeckt besonders gut zu Tomaten und Eiern, Pilzen und Nudeln.

* Beifuß ist eine mehrjährige, buschige Pflanze. Fett wird durch die Beigabe von Beifuß leichter verdaulich.

* Bohnenkraut ist eine einjährige Pflanze, deren Kraut man sammelt und für Fleisch-, Fisch- und Eiergerichte verwendet. Es paßt natürlich auch zu allen Bohnengerichten, zu Gemüsesuppen und Fleischbrühen.

* Borretsch (Gurkenkraut) ist eine einjährige Pflanze. Die jungen Blätter schmeken zu Erbsen- und Bohnensuppe.

* Dill wächst als einjährige Pflanze, die Blätter sind besonders gut zu Fischgerichten und Gurkensalaten.

* Estragon ist eine mehrjährige Pflanze. Das Kraut schmeckt zu allen Salaten, zu Fleisch, Geflügel und Fisch sowie zu Kürbisgemüsen.

* Fenchel ist mehrjährig.Man würzt damit gerne Fisch, indem

man Samen und Blätter dem Fischsud beifügt. Mit ganzen oder gemahlenen Kräutern werden Brot, Suppen und Süßsaures gewürzt.

* Kerbel ist eine farnähnliche, zweijährige Pflanze, die der Peter-silie ähnelt. Man würzt damit natürlich die Kerbelsuppe, Butter-saucen, die man zu Gemüse reicht sowie Eier- und Käsegerichte.

* Knoblauch ist ein Liliengewächs. Die Knollen werden gepreßt und zu Salaten, Lamm und auch Kräuterbutter verwendet.

* Koriander ist eine einjährige Pflanze. Der gemahlene Samen ist Bestandteil von Curry, die ganzen Körner nimmt man für Gewürzbrote her oder verfeinert damit den Geschmack des Kaffees.

* Kümmel ist eine ein- bis dreijährige Pflanze. Die Kümmelkör-ner schmecken gut zum Schweine- und Hammelbraten, sie wirken verdauungsfördernd.

* Liebstöckel (Maggikraut) ist ein mehrjähriges Kraut. Man würzt damit Gemüsebrühen, Fleischbrühe und Eintöpfe.

* Majoran gibt es als ein- oder zweijährige Pflanze. Die Blätter werden getrocknet, dann gerebelt und schmecken gut zu Hackfleischgerichten, aber auch zu Geflügel und Gemüsen.

* Meerrettich (Kren) ist eine mehrjährige Pflanze, deren Wurzeln gerieben und anstelle von Senf verwendet werden. Er schmeckt hervorragend zu gekochtem Rindfleisch oder macht als Sau-cenwürze zu Aal, Makrele und Hering das Essen leichter ver-daulich.

* Petersilie wächst als zweijährige Pflanze. Die Blätter verfeinern Salate, Gemüse, Fisch und sollen auch Knoblauchgeschmack abschwächen.

* Rosmarin ist eine immergrüne Pflanze, mit deren Blättern traditionell Lammgerichte gewürzt werden. Aber auch Schweinefleisch oder Wildbraten, sogar Fisch schmeckt mit Rosmarin gewürzt sehr gut.

* Salbei ist ein Halbstrauch, dessen Blätter gut als Gewürz zu Schweinebraten, zu Ente und auch Tomatengerichten passen.

* Schnittlauch ist eine mehrjährige Pflanze, die man in jedem Garten findet. Gehackt streut man die Halme auf Salate, Fleischbrühen, Rührei oder gibt sie zum pikant gewürzten Quark.

* Sellerie läßt sich in der Küche ähnlich wie Petersilie verwenden. Selleriewurzeln gehören zum Suppengrün, das man einer Fleischbrühe beigibt.

* Thymian ist ein Halbstrauch aus dem Mittelmeergebiet, der bei uns schon heimisch geworden ist. Thymian hat ein starkes Aroma, man verwendet ihn deshalb sparsam zu Fleisch und Fisch, zu Suppen und Kräutersaucen.

* Wohlgemut (Oregano) ist eine mehrjährige Pflanze, die sehr stark duftet und am besten zu Pizza und Spaghettigerichten sowie Tomatenspeisen paßt.

Für fast alle Kräuter und Pflanzen gilt übrigens: Der Vollmondtag ist der beste Zeitpunkt zum Sammeln und Ernten. Gerade Wurzeln sind dann heilkräftiger als zu anderen Zeiten. Sie dürfen auf keinen Fall dem Sonnenlicht oder künstlichem Licht ausgesetzt werden.